科学分利

企业激励的底层逻辑

贾长松◎著

广东旅游出版社
中国·广州

图书在版编目（CIP）数据

科学分利：企业激励的底层逻辑 / 贾长松著. —广州：广东旅游出版社，2024.4
ISBN 978-7-5570-3199-2

Ⅰ.①科… Ⅱ.①贾… Ⅲ.①企业管理—工资管理—研究 Ⅳ.① F272.923

中国国家版本馆 CIP 数据核字（2024）第 032422 号

出 版 人：刘志松
责任编辑：张晶晶　黎懿君
责任校对：李瑞苑
责任技编：冼志良

科学分利：企业激励的底层逻辑
KEXUE FENLI：QIYE JILI DE DICENG LUOJI

广东旅游出版社出版发行
（广州市荔湾区沙面北街 71 号首层、二层　邮编：510130）
印刷：北京文昌阁彩色印刷有限责任公司
（北京市大兴区芦城工业园创业路 3 号）
联系电话：020-87347732　　邮编：510130
787 毫米 ×1092 毫米　16 开　15 印张　179 千字
2024 年 4 月第 1 版　2024 年 4 月第 1 次印刷
定价：68.00 元

［版权所有　侵权必究］
本书如有错页倒装等质量问题，请直接与印刷厂联系换书。

| 目录 |

前　言　钱分好了，管理的一大半问题就解决了　/ VII

第一章　合理布局企业，确定关键人才

　　可控型企业和失控型企业的分工　/ 002

　　企业常用的模式与关键人才的确定　/ 004

　　　企业常用的几种管理模式　/ 004

　　　确定关键人才的工具：3O模式与64位人才布局图　/ 005

第二章　内部定价是分钱的准备

　　内部定价与利益分割　/ 010

　　内部定价结算图：做好节点结算　/ 013

一级结算：产品方与销售方的利益分割 / 016

　　毛利润定价法 / 016

　　定位定价法 / 017

　　谈判定价法 / 019

二级结算：管理者与产品方、销售方的利益分割 / 022

　　二级结算之销售方的内部结算 / 023

　　二级结算之产品方的内部结算 / 024

三级结算：投资者与经营者的利益分割 / 028

　　三级结算之销售方内部定价 / 028

　　三级结算之产品方采购的结算 / 032

　　三级结算之产品方生产的结算 / 034

　　三级结算之产品方研发的结算 / 034

其他内部定价结算方法 / 035

　　成本加成法 / 035

　　定额比例法 / 035

　　人均边际贡献法 / 036

　　成本加价法 / 036

吃透内部定价原则，抓好结算目标 / 037

第三章　信任是分钱的前提，合作的基础

遵守规则是信任的基础 / 040

企业经营利益图：厘清企业经营利益关系 / 042

核算收入、成本和利润三者的逻辑关系 / 045

　　企业财富积累的三个阶段 / 046

　　打造利益共同体 / 047

　　收入分配 / 051

核算账公式及核算账文件 / 053
　　核算账公式 / 053
　　核算账文件 / 055

第四章　合理的薪酬是分钱的艺术

企业需要合理的薪酬分配 / 060

薪酬是如何设计的 / 062
　　设计薪酬必须了解的内容 / 062
　　六级薪酬制 / 065
　　三类薪酬 / 066
　　优秀的企业薪酬结构 / 068

常见工资类型及分配方式 / 070
　　常见的工资类型 / 070
　　工资分配方式 / 071

薪酬结构设计要合理 / 073
　　薪酬设计的几种常见方法 / 073
　　薪酬结构的基本构成 / 075
　　主要的薪酬结构 / 076
　　个人所得税 / 079
　　常见岗位的薪酬结构 / 080
　　合理的薪酬结构 / 082

分钱核算的基本理念 / 084
　　企业家应该挣谁的钱 / 084
　　企业利润如何核算 / 086

结合企业实际情况，做好提成核算 / 091
　　提成方式要结合企业实际情况 / 091

计算提成必须考虑的几个基本问题 /092
特定岗位的薪酬计算方式 /102

第五章　分红是分钱的关键

有限责任公司如何分红 /125
　　有限责任公司的分红方案 /125
　　有限责任公司需要优化组织机构 /126
　　有限责任公司不能忽视授权 /128

事业部制如何分红 /129

分/子公司如何分红 /131
　　分/子公司的三种形式 /131
　　开设分/子公司的节奏 /133
　　分/子公司分红比例 /135

参股公司如何分红 /136
　　创业型种子期公司的分红 /136
　　上市前公司投资的分红 /137
　　利润型参股公司的投资分红 /137

门店类企业如何分红 /138
　　门店类企业扩张的准备 /138
　　门店类企业分红 /139
　　店长分红的两种情况 /140

连锁类企业如何分红 /142
　　连锁类企业的特征 /142
　　连锁类企业的分红方式 /142

第六章 分股权要斟酌

股权设计的核心要素 / 148
股东选择 / 149
主股与间股 / 150
股权激励对象 / 151
速度与创新 / 152
解放老板 / 153
优质排他法则 / 154
上市 / 155
长期收益 / 155

股权激励必备的基本规范和常识 / 157
股权激励的重要概念 / 157
股权激励概念的应用 / 158
在做员工股权激励前，必须有清晰的规划 / 159
并非所有行业都适用股权激励 / 159
股权激励的节奏需要调整 / 160
财务必须合规 / 161
股权价格必须建立在市值评估的基础上 / 161
企业必须有经律师审定过的股权改革合同与文书 / 162
要对核心人员进行考察 / 162

企业常用的股权类型及注意事项 / 164
企业常用的股权类型 / 164
使用时的注意事项 / 169

常见的股权激励办法 / 172
赠+购（贷）法 / 172
现金购买法 / 180
对赌法 / 183
病毒式扩张法 / 188

考核指标法 /195

系数法 /205

股权激励的配套文本 /213

股权激励配套文本介绍 /213

确定关键文本的关键条款 /216

| 前言 |

钱分好了，管理的一大半问题就解决了

任正非说："钱分好了，管理的一大半问题就解决了。"分钱是一门学问，它考验老板和各级管理者的人格。老板能否正确地把握薪酬，对于企业而言，可能有完全不同的结局。因此，老板应该对薪酬战略进行考量和设计。

高薪不一定意味着高效。企业唯有建立薪酬系统，学会运用机制分钱，才能让人才为企业工作，实现人才的自我驱动，实现企业高效执行的管理梦想。

有人说，股份制改革并不适合大多数企业。那什么改革适合大多数企业？对薪酬的改革。

企业不能盲目地给员工发放薪资，应该设计一种薪酬机制，让员工通过自身拼搏获得高收入。企业需要思考如何实现创造财富的机会，让员工有可能赚到大钱。

一位优秀的企业家必须树立一个核心理念：我要给员工创造一种机制，让他们通过自己的拼搏和努力拿到高工资。这就是企业要为员工创造造富的机会。那种既没有分红也没有股权激励的公司，连造富的机会都没有，是很难留住员工的。所以，公司薪酬设计为员工赚大钱提供了可能性。

在过去，很多公司对大部分岗位实施了浮动工资制。通俗地讲，浮动工资制就是你拼得狠，挣得就多，这种机制让很多人提高了收入。但这种薪酬机制的缺点是容易导致少数能力强的人出现误判，无法对自己有准确的定位，从而迷失自己。一个企业家要放平心态，不管别人有什么企图，自己都要保持本心，做到心明眼亮。

每年我都会到一些企业做调研，发现很多企业的薪酬制度存在问题，归结起来主要分为三个方面。

第一，体系设计有问题。很多企业并不知道应该怎样设计一套科学合理的薪酬体系，都是凭感觉设计的。

第二，平衡有问题。很多企业不知道在不同的发展阶段，哪个阶段应该薪酬高，哪个阶段应该薪酬低。

第三，计算标准有问题。薪酬体系设计到底用什么来做参照物，评价标准是什么，晋职和降级标准是什么，等等。

这些问题搞不清楚，企业的薪酬体系必然会出问题。

企业可以通过科学有效的激励机制，让员工发挥最大潜能，从而为企业创造更大的价值。激励的方法多种多样，薪酬就是一种最重要的、最容易运用的方法。有效的薪酬激励可以让员工完成工作目标，甚至超额完成目标。

为了比较全面地、系统地运用薪酬激励方式，企业管理者需要对企业的财务情况进行梳理，使用清晰的核算方式来确定成本计算对象、成本项目，开设明细账，明确企业的利润空间，以及采取不同的激励方式激活企业不同层次的员工。

第一章

合理布局企业，
确定关键人才

可控型企业和失控型企业的分工

现在可将大多数企业分为可控型和失控型两种类型。

可控型企业的研发、营销、管理、运营等各个环节，全部流程都可控，严格按照公司既定的规划实行经营管理。

随着时间的推移，可控型企业经营越来越困难，能够掌握的资源及企业的创新性越来越差，这时候就会有另一批新类型的企业出现，我们把它们叫作失控型企业。失控型企业的特征是，在审计、运营、战略上适当可控，在营销、事业、利润上适当失控。比如，微信、微博、抖音、淘宝、京东、拼多多都属于失控型企业的平台。在这些平台上销售产品的商家，大都是可控型企业，但这些平台却是失控型的。有的企业老板就开始思考了，今后自己的企业是不是也要适当失控？当然，是否要整合你所处行业的上下游企业，形成产业链，然后做成一个巨无霸，这是我们大家都需要思考的。

为什么老板觉得自己的公司不赚钱了？和它们是可控型企业有关——什么都不敢动，什么都不敢破，什么都不敢打开，压力就越来越大。我们要把选择权交给市场、客户，进行适当的失控。现在和未来的时代，都是失控型企业领导可控型企业的时代。

很多人都知道老凤祥这个品牌。老凤祥将其内核管理机构和事业部机构打造好之后，外部就运用失控模式。他们通过代理商的形式，让代理商拼命为它干活儿。事实上老凤祥的模式就是失控的，其任务就是监督——要求这些代理商遵守规则，如果你作为代理商不遵守规则，我就取消你的代理权资格。

现在很多企业家的状态都是"失控吧，我们太痛苦；不失控吧，我们虽然控制住了，但是没有钱可赚"。很多企业老板问我："贾老师，我拼命想把公司经营好，却没赚到钱，这是为什么呢？"

我认为问题的原因可能是战略理念上出现了误判。美国有一家叫作梅西百货的企业，什么都做得非常好，就是没有客户。为什么？因为客户都跑到互联网消费去了，实体店的消费者就减少了。

企业老板想的是组织要可控，而未来企业的组织模式却要求失控，即要让人力资源的整合、项目的立项、产品的交付、利润的获得、营销流程的策划全部失控。现在，企业老板到了要下决心的时候了，也是企业需要改变的时候了。

企业常用的模式与关键人才的确定

企业常用的几种管理模式

教练模式。教练模式在美国较为流行。所谓教练模式,就是为企业的每一个关键董事配一个教练,关键董事做任何决策时,由教练辅导,这类似于运动员需要教练指导。一般情况下,组织教练在一家企业任期为两年。大部分组织教练都有大型企业的工作经历,他们用这些经历指导创业型或投资型企业如何去经营。

OKR 模式。OKR(Objectives and Key Results)模式也叫目标和关键成功因子的考核。这种方法源于英特尔公司,后来这一模式被引入谷歌公司,为谷歌创造了优异的业绩。

校长模式。校长模式是指企业老板要当校长,培养人才,指导大家该怎么走,如果谁跑偏了,就要及时纠正对方,让其回到正轨。

智库模式。智库模式指董事长下面设立一个顾问委员会,由顾问委员会给企业专业的意见。

确定关键人才的工具：3O 模式与 64 位人才布局图

什么是 3O 模式

所谓 3O 模式，就是我们把职权搭建好，分工给别人，从而解放老板的模式。需要注意的是，解放老板并不意味着老板可以不干活儿，而是让老板回到自己的职责当中，做自己该做的事情。如果老板天天不做老板该做的事情，那么企业迟早会在管理上出问题。

我的一个合作伙伴向我抱怨："贾老师，我这些年过得非常累。我和妻子经营一家公司，婚后不到 3 年，公司欠银行 3800 万元的贷款，银行收走了我们用于抵押的房子，我们一家在公司生活好几年了。"

在仔细了解了他的公司运营情况之后，我发现这家公司的组织架构有问题，他们夫妻不会放开公司的大事小情，凡事都要亲自去做。我告诉他如果想把公司经营好，同时也能让自己有一些休闲时间，可以用 3O 模式。

3O 模式的应用

在向大家讲解如何使用 3O 模式之前，我们先来学习 64 位人才布局图（见图 1-1）。因为不管是设计薪酬，还是分红，我们都要先要画出人才布局图。

在 64 位人才布局图中，有一个职位是老板，老板的主要任务是担任董事。大家一定要记住，一家公司最重要的岗位是董事，不是董事长，更不是总经理。也就是说，决定一家公司命运的人是公司的董事。董事是一个人一票，大部分企业的经营决策权并不是按照股权比例来决定的，因此，董事的意见对于一家公司的决策是非常重要的。然而，在我国大部分企业里，董事制度并没有真正建立起来。

1个领袖
3个O：CEO、COO、CTO
10个项目利润中心负责人（独立盈利能力项目管理者）
50个经营负责人（独立营销或独立经营的子单位负责人）
建议：企业家在培养核心管理人才中，按照流程和人才布局进行人力资源配备。

● CEO（首席执行官）
企业决策人

● CTO（首席技术官）
10个事业部

● COO（首席运营官）
50个团队精英

图1-1　64位人才布局图

如果老板想解放自己，首先就需要搭一个框架。这个框架要有3个O，分别是CEO（首席执行官）、COO（首席运营官）、CTO（首席技术官），还有老板自己。这个稳定的框架建立了，管理层面的问题也就解决了。此外，这4个人一定是要分红的，因为我们要把这4个人打造成利益共同体。

老板一旦亲自做营销，就会忙得团团转，因为营销永无休止，客户也会络绎不绝。因此，老板要培养一个能够帮助自己做营销的人，这个人就是CEO，他的主要任务之一就是做营销。老板要记住，一个有能力的CEO最关键的是具备优秀的营销能力，绝对不能让不懂营销的人担任CEO。

COO也是一个比较重要的岗位。COO的主要工作任务是协调维护对内对外关系，招聘各部门关键人才。以长松公司为例，长松公司的审批、审计、行政、对外、风险管理等事务基本上全由COO负责。一名优秀的COO会减轻老板的负担。

3O中还有一个非常重要的岗位CTO。CTO的主要职责是把握公司的总体技术方向，监督技术研发，对技术问题把关、指导等。

64位人才布局图的应用

框架搭建好之后，我们就要整合产品，建立项目部、事业部或者分/子公司。

老板要用有效机制激发3O，让他们努力培养10个项目部或事业部的负责人，由10个负责人培养50个操盘手作为分/子公司的负责人或代理商。这种"老板+3O+10个负责人+50个操盘手"的模式，就是公司快速稳定扩张的64位人才布局图。一旦形成第一个64，我们就可以根据行业的发展继续扩充第二个64、第三个64……

比如，我们公司目前有26个操盘手，还没有达到50个。经过行业评估，我们公司只是排在本行业前几名，并不是冠军。如果我们公司有了50个操盘手，公司规模会进一步扩大，业绩也会有所增长，公司成为本行业冠军的概率也会增大。

有的公司使用组织机构布局，公司发展会越来越难。因为组织机构布局是一个闭循环，仅限于企业内部。这时，企业就需要用一种开放的外部失控模式实现扩张。64位人才布局图就是一种有效的模式。

我在前些年向我们公司的CEO介绍了3O模式，他在公司中运用了这个模式。在运用这个模式的第一年，他只在公司办公两个月，公司的利润却增长了30%。第二年公司利润增长39%，第三年增长33%。大家要注意，这些都是公司的纯利润增长。他不但经常不在公司办公，而且还经常带领员工进行团建，使得整个公司的氛围张弛有度。

第二章

内部定价是分钱的准备

内部定价与利益分割

老板要想让大家按照一定的规则做事,就要学习相关知识,具备多种能力:企业核算、企业成本分析、企业利润管理、企业效率管理、企业内部定价、计划管理、企业融资、风险规避、税务筹划,等等。

上述九种能力中最重要的是内部定价能力。

定价,即确定价格。内部定价,即在企业内部确定各个交易环节的价格。很多老板从来没有接触过内部定价,他们认为直接管理员工就可以了,并不需要算出每个岗位创造了多少价值,只要在年底给员工发红包就行了。然而随着企业规模越来越大,项目越来越多,企业如果缺少内部定价,就会十分混乱。通过内部定价,企业可以形成一个完整的组织架构,见图2-1。

老板(股东) + 经营团队(负责人+管理者+员工)

图2-1 内部定价的组织架构

在这个组织架构中,老板是投资者,主要起到战略指导的作用;经营团队无须出资，作为具体项目的经营者，他们可以享受该项目的利润分配。

在管理的逻辑上，企业要树立和形成两种意识：第一，员工、管理者、负责人要树立主人翁意识，自己是企业的主人；第二，员工、管理者、负责人要形成自己是企业的经营者，也是企业利益的创造者和受益者的意识。

企业中不同层次的人员，对利润的理想状态不同。为了达到他们各自的理想状态，企业内部会形成多个小规模的自组织管理，这就需要进行利益分割，即内部结算。**能够进行清晰的利益分割的关系，才是持久的关系。**

利益分割可以分为三级，见图2-2。

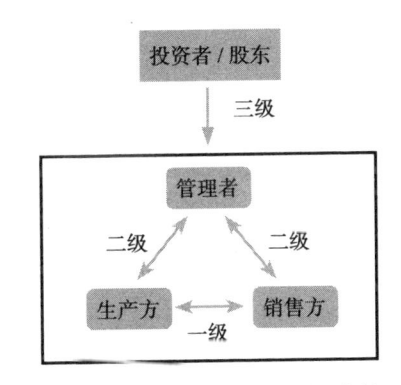

一级利益分割：生产方与销售方的利益分割
二级利益分割：管理者与生产方、销售方的利益分割
三级利益分割：投资者与经营者的利益分割

图2-2 利益的三级分割模型

一级利益分割是企业里最基本的财务关系。在生产一个产品的过程中，只有将生产方和销售方创造的价值区别开，才会知道他们各自应该

分到多少钱。比如销售方要辞职，原因是分到的钱少，解决这个问题的方式之一是谈判，具体应该拿多少钱，要和他创造了多少价值联系在一起。从生产到销售形成了第一级财务关系，让生产方和销售方的利益分割清楚。

管理者负责管理生产方和销售方，他们与生产方和销售方之间产生了二级利益分割。二级利益分割主要解决三个问题：管理者能赚多少钱？技术人员能赚多少钱？营销人员能赚多少钱？

这些问题的解决，标志着经理人层面所有的经营利益问题分割完毕，即完成了三级利益分割。

内部定价结算图：做好节点结算

内部定价涉及人与人之间的利益分配，主要方法有内部利益分割法、毛利润定价法、人力资源定价法、成本加价法、谈判定价法等几种方法。任何一家企业都不可能同时使用这些方法，基本上使用两三种就可以了。

内部定价主要分为三个等级进行结算。

一级结算：主要是产品方与销售方之间的结算。

二级结算：主要是产品方内部各段的结算以及销售方内部各段的结算。

三级结算：主要是产品方内部各环节节点的结算以及销售方内部各环节节点的结算。

经过评估，我们得到了一张较为通用的定价结算图，见图2-3。

当了解产品和经营的关系，以及老板和负责人的关系以后，我们就可以进行内部定价了。如果说外部定价是一套营销学的体系，那么内部定价则是一套管理学的体系。

执行型管理者会主动设计好流程、方案、产品、定价、策划、文化等，所有的分配和考核全部做完了，只需要执行即可。然而，这种类型的管理者较为初级，高级管理者是一个宏伟蓝图的设计者，他会设计出一

| 科学分利：企业激励的底层逻辑 |

一级结算——产品方和销售方之间的结算
1. 毛利润定价法：产品方分毛利润的 40%＋制造成本，销售方分毛利润的 60%
2. 定位定价法：按前、中、后端产品倾斜
3. 谈判定价法：双方谈判定价（按市场供需关系）

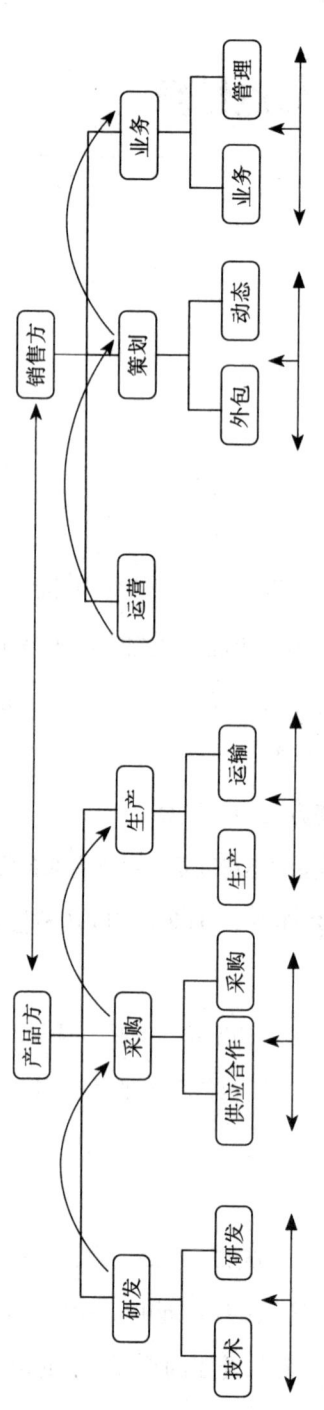

三级结算——技术与研发
1. 利润回报法
2. 利润比例法

三级结算——供应合作
1. 市场法
2. 联合营销法
3. 统计分销法

三级结算——生产与运输
1. 生产按测算量产法
2. 运输按百分比约定

三级结算——策划
1. 外包按固定值
2. 动态按增长量

三级结算——业务
1. 销售提成为 10%：12%：14%：18%，五级阶梯式相对分值比例
2. 管理奖为 0：8%：6%：4%：4%
3. 总监奖为 2

二级结算——产品方内部结算：
1. 毛利润定价法
2. 谈判定价法
3. 内部采购法：成本加价法、目标倒推法、谈判定价法、假定人均等法、人均边际贡献法
4. 定额比例法、推算法
5. 加层法

二级结算——销售方内部结算：
1. 运营按固定提成（通常为利润提成）
2. 策划按增长量提成
3. 业务按提成测算法，基准线为产品净毛利润的 30%

图 2-3 内部定价结算图

套适合企业的机制。在高级管理者手中，这张图是关键的枢纽。

对于人员分工，一家企业要做的第一件事情就是划分出产品方和销售方。产品方基本上分为研发、采购和生产。其中，研发可以分为技术提供者、产品研发者，采购分为供应商合作、采购，生产分为生产和运输。销售方可以分为运营、策划、业务。其中，策划分为外包和动态，业务分为业务和业务管理。

一家企业的操盘手既要分割不同人的利益，又要找到利润关键点。因此，利益的分割情况，决定了企业的整个战略版图。一个优秀的平台，会有无数个产品和无数个销售操盘手。比如，Costco（开市客）就有一群人专门负责到处找产品。截至目前，他们已经找到了1000多个品类，3000多款产品。所以企业要做的第一件事情，就是对产品方和销售方两者之间进行利益分割，这种分割叫一级结算。

一级结算：产品方与销售方的利益分割

一级结算主要是企业在产品方和销售方之间进行的利益分割，通常运用毛利润定价法、定位定价法和谈判定价法。

毛利润定价法

毛利润定价法的结算方式为：产品方分到毛利润的40%，加上制造成本，销售方分到毛利润的60%。企业按产品方与销售方4∶6的比例分配结算后，即可反推出销售额的比例应该如何进行分配。比如一件产品卖100元，它的直接制造成本是50元，那么毛利润就是50元。一般来讲，销售方利润的分配比例为毛利润的60%，50元的60%就是30元。产品方的利润分配方式为直接制造成本加上毛利润的40%，即50元的直接制造成本，加上毛利润的40%（20元），合计为70元。反推则为销售额比例，即产品方分到销售额的70%，销售方分到销售额的30%。

上述产品方与销售方 4∶6 的分配方式，是我们经过大量的测算和调研得出的。

定位定价法

有很多的企业家会问："产品方与销售方的分配比例为什么是 4∶6？这个比例可以调整吗？"这个比例当然是可以调整的。不同的产品和定位，结算比例也会有所不同。前端产品以开发客户流量为导向，分配倾向销售方；后端产品多为客户重复消费，分配倾向产品方。

这和产品定位有关。例如长松公司有一款定价为 14800 元的工具包，分/子公司大概分到 1 万多元的利润。如果一家销售公司销售出一个工具包，就有 1 万多元的进账，那么前端的员工获得的奖金就会多一些，其积极性也会变高。

这种做法有两个好处：一是通过卖工具包，大家认识了我们的序列产品；二是员工有钱赚，就会自愿留下来。所以，我把类似工具包和微课、图书这样的产品叫作前端产品。

前端产品、中端产品、后端产品，以及服务产品、生存产品等，它们的结算模式都要随着企业的变化、发展及时调整。一家处在开发客户阶段的企业的首要目的不是赚钱，而是想办法获得流量。因此，这时企业的前端产品就是要增大流量。客户是用来选择的。如果企业的流量不够大，客户的质量就会参差不齐；等到企业获得的流量足够多后，遇到难以沟通的客户，我们可以选择不与他合作。

一家企业要想有流量，前端产品、中端产品、后端产品及生存产品都要有。如果是为了增加流量,前端产品扣除基本成本,就要让利给员工,激发他们的工作热情。前端产品卖得多了,流量就增加了。

在设计产品和销售产品时,企业家可以充分发挥自己的经营思想。有一个基本原则需要注意,前端产品要主动让利给那些拼命工作的人,后端产品要让利给那些去深度服务的人。分配比例绝对不是大家认为的一刀切,它需要企业灵活地运用。所以该便宜的东西可以再便宜一些,该贵的东西也可以再贵一些。具体的分配方式可以参考图2-4。

从图2-4中可以看出,有的前端产品不要利润,比如扣除直接成本以后,将所有的利润全部给销售推广人员(前端产品是销售方分配到60%~100%,后端产品是产品方分配到40%~85%)。前端产品与后端产品必须解决利益分配问题,这样才能达到既能激活产品方,又能激活销售方的目的。

正常结算

产品方:产品毛利润的40%+制造成本

销售方:产品毛利润60%

类型	产品方	销售方	特征
前端产品	0%~40%	60%~100%	增大流量
后端产品	40%~85%	15%~60%	重复消费

步骤:
1. 计算出产品的制造成本和毛利润
2. 将产品毛利润按比例在销售方与产品方间进行结算
3. 根据产品属性进行调整。前端产品向销售方倾斜,后端产品向产品方倾斜

图2-4 一级结算:产品方与销售方之间的结算

一家优秀的企业是靠大家拼出来的,所以必须设计一种机制去激活企业里的每一位员工。企业想要激发员工的动力,要确定引擎岗位。一

家企业中的引擎岗位就是对这家企业利润影响最重要的几个岗位，这些岗位上的员工对企业发展有重要的影响。

谈判定价法

谈判定价法是根据市场供应关系进行比例调整的方法。比如，现在产品方与销售方的分配比例是4∶6，但是该市场前景广阔，销售推广太容易了，董事会可能会考虑市场的高需求导致生产工作量激增，适当提高产品方的分配比例。如果市场出现疲软的迹象，就要马上激活营销团队，适当增加销售方的分配比例。

长松公司的分配比例几乎每年都要调整，因为公司一般会在12月份和次年的1月份冲业绩。只有获得一个良好的业绩，员工才可以带着更高的收入回家过年。要想获得良好的业绩，公司会采取两个重要举措，一个是必须让员工出业绩，另一个是给员工一定的奖励。因此，公司在最近5年的春节前一个半月或两个月，一定会出台对员工的奖励政策，同时向销售方倾斜。

总部和事业部的一些人可能会不理解：让利给销售方，公司不就受损失了吗？这种想法是不对的，因为公司得到了更多的流量，也赢得了员工的心，这些对公司长远的发展是有利的。

企业一定要明白，分配比例要根据经营情况随时调整，并不是一成不变的。企业对于市场要保持敏感度，数据决定命运，企业要从感觉化走向数据化管理。要通过数据的变化随时调整定价，我们把这个定价叫作一级定价。一级定价是企业当中最重要的定价结算方式，完成一级结算，企业就可以做独立的事业部了。

完成一级结算后，企业就可以在股东与员工间增加一级负责人，大股东直接面对负责人即可。企业应该至少增加一个产品负责人和一个销售负责人，核算出销售中心利润、生产中心利润和公司总部利润。销售方可以分出两个销售中心，算出两个利润。如果再分出1个事业部，就可以算出3个利润。如果分出10个销售方和10个事业部，那就算出20个利润，老板下面就会有20个负责人。此时老板直接面对的就不是员工了，而是这20个负责人。

以前老板每天关心的问题是销售怎么做，产品品质怎么提高，采购怎么做，与供应商的关系怎么建立。企业老板获得利润的多少，主要取决于他精力是否充沛。如果能分裂出10个销售中心和10个事业部，那么老板之前关心的这一系列问题，就由各小组织的负责人负责，这相当于各小组织的负责人帮老板做了很多战略实施、战略执行的工作。老板就不必过多地操心这些事情，可以把更多的精力投入到企业的发展规划中。

企业将客户谈判、产品生产等具体事宜下放给各小组织的负责人，老板的关注点就转向了人才布局与企业战略规划。老板的身份也发生了变化，他从目标执行者转变为目标规划者和目标决策者。之后，企业就可以进行大规模的分裂和整合了。

15年前，我开始讲课做培训。我用8年的时间迅速成长为一个知名的企业教练。当时由于每天要讲的课程太多，我缺乏时间休息。从那时起，我知道仅仅靠一个人肯定是不行的，必须靠一群人、一个团队的力量。所以，我果断地放弃了企业教练这个课题，转而投向了营销管理课题，并下定决心：我一定要开公司，建平台，进行组织分化，把大组织分成小组织，每个小组织要有负责人。

但是，如果我想做营销管理课题，就必须放弃我当时的工作。那时我负责直接面对客户的工作。和很多老板一样，我一直问自己：你愿意放弃吗？你敢授权给别人吗？你敢责任下沉吗？其实这些都是在考验一个老板的管理能力和管理水平。

通过不断地实践，我得到了两条重要的经验：第一，让别人多赚，自己少赚；第二，敢于相信别人，相信别人是授权的前提。当然，你相信别人，别人不一定能干得好。所以老板在授权别人的同时，还要有考核和检查。决定对公司进行组织分化后，我们公司从我自己直接面对员工，变为由小组织负责人直接面对员工。这一阶段被我称为小组织独立核算阶段。

我在小组织独立核算这一阶段摸索了两年，也吃了不少亏，但是我坚信这个平台的建设和小组织核算是我们公司做大的根基。所以我坚持了下来，并有了自己的心得：要想做好小组织的核算，必须做好内部定价。

长松公司从2008年开始，到现在诞生了无数个分/子公司的总经理，包括很多事业部的专家及负责人，还有数位辅导师。他们需要把主要精力放在自己的项目上，把它们做好、做精，彼此之间相互协作，这样，一级核算组织就能发挥出它的巨大威力。

二级结算：管理者与产品方、销售方的利益分割

将产品、销售环节继续细分为几个大段，在几个大段之间进行结算，即为二级结算。

例如，某企业销售公司制定的各环节结算机制（见表2-1）。

表2-1 某企业销售公司各环节结算机制

人员	结算设计
运营	季度利润在 50 万元以下，提成比例为 0.5% 季度利润在 50 万~80 万元之间，提成比例为 1% 季度利润在 80 万~100 万元之间，提成比例为 1.5% 季度利润在 100 万元以上，提成比例为 2%
策划	无策划时月度销售额为 100 万元，要求经过策划后销售额增加 30%，至少达到 130 万元 月度销售额在 130 万~150 万元之间，提成比例为 0.5% 月度销售额在 150 万~200 万元之间，提成比例为 1% 月度销售额在 200 万元以上，提成比例为 1.5% 注：此月度销售额指的是经过策划后销售额达到增长后的额度
业务	总提成比例基数线为产品毛利润的 30%，包含业务人员工资成本、业务人员提成、管理人员提成，再在其中进行分配

目标：让销售组织全员关注公司指标，让总经理和总监关注小组织利润，让全员关注小组织业绩和增长量。

二级结算之销售方的内部结算

运营的结算设计

通常情况下，我们会直接将运营和策划与业务的结算绑定，长松公司就采用了这种结算方式。根据销售额的多少，就可以算出运营和策划的工资比例和成本，将来核算利润分红时，会把成本直接分摊到员工的工资里，这是最直接的一种办法。

目前在长松公司最稳定的岗位就是运营。在最近10年中，运营岗位的流失率没有超过30%，总部运营岗位的流失率基本为0。出现这一现象的原因是我们采用了绑定政策，如果不采用绑定政策，运营岗位的流失率就会增加。

针对运营，我们使用的是等量阶梯提成法，以销售组织核算利润或毛利润为基数，按等量阶梯比例确定提成，这一比例最高不超过2.5%。

策划的结算设计

策划的结算也是这种情况。我们会给策划定一个目标，超过这个目标的部分会有提成，策划水平越高，提成比例就越高。如果业绩没有增长，他们的收入就会降低，这时岗位的流动率也会上升。

运营和策划一般要看业务的增长率。增长率一般与过去的平均环比做对比。企业业绩一直处在上升阶段的行业，可以按上个月对这个月的增长比例计算。

要算出这个比例，需要找一个参照物。以一个人去年同期或上个月的业绩为目标，达到目标的70%就开始有奖金。只要超过上一个目标，超过部分就会得到翻倍奖励。如果系数是1，他可以得到2.5的系数，也就是奖金翻了 2.5 倍。

这种结算的办法叫增长率定价法。比如，一个员工的月销售额是 100 万元，当销售额达到 70 万元后，公司开始给他定奖金，规定销售额达到 70 万元~100 万元，提成比例为 1%；销售额在 100 万元以上的部分，提成比例有可能变成 2%~2.5%；销售额在 200 万元以上的部分，提成比例会是 2.5%~3%。

设定增长部分的特殊奖励，人才就不会被动地听指挥，而是主动地思考该如何策划。所有的机制都要想办法让每一个人主动地解决问题，而不是等领导安排工作。要想充分地提高每一个人的效率，就要让他主动工作，而不是等待别人的催促。这种方法叫作效率增长法。

运营和策划的工作内容是不同的。运营主要是进行微创新，创新迭代越来越好就说明运营有效果。策划则不同，策划的项目有可能完全被推翻。一个优秀的企业老板，一定是一个优秀的创业策划者。

策划对业绩结果的影响很大。如果完成目标的比例越高，策划的奖励也越高，这是一个放量式比例增长。所以策划和运营要分开制定政策，绝对不能按照同样的方法、系统计算。

销售方内部结算的具体内容如图 2-5 所示。

二级结算之产品方的内部结算

二级结算还涉及产品方内部结算。它通常使用流程系数法，研发、采购、生产的比例为 1∶1∶1，此系数为起步系数，各个环节再设置详细的系数增加指标。

目标：让销售方全员关注指标

- 小组织利润：总经理、总监关注
- 小组织业绩：全员关注
- 小组织增长量：全员关注

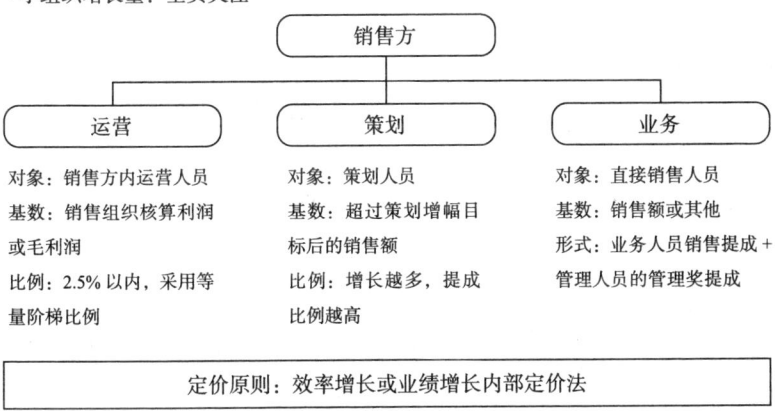

```
                            销售方
              ┌───────────────┼───────────────┐
            运营             策划            业务
```

运营	策划	业务
对象：销售方内运营人员	对象：策划人员	对象：直接销售人员
基数：销售组织核算利润或毛利润	基数：超过策划增幅目标后的销售额	基数：销售额或其他
比例：2.5%以内，采用等量阶梯比例	比例：增长越多，提成比例越高	形式：业务人员销售提成＋管理人员的管理奖提成

定价原则：效率增长或业绩增长内部定价法

图 2-5 二级结算：销售方内部结算方式

产品方内部结算的具体内容如图 2-6 所示。

一个产品包含了研发、采购和生产三个重要环节。所有产品的研发都有一个非常重要的核心——解决客户的刚需和痛点。产品从研发开始，最终会落实到生产。生产创造的利润分配方式是毛利润分配法，原因是采购有成本。然而，这种方法并不是最好的方法。对待生产，我们建议大家采用流程系数法。

从理论上来讲，研发、采购和生产价值量的比例应该是 1∶1∶1。产品当中的研发成本、采购原料成本和直接生产成本是能够算出来的，再加上它们的 1∶1∶1 的毛利润，分割给他们的业绩量基本上就清楚了。谁想多赚钱，就要看他的效率能否提高。这样，三个部门会重点去规划各自的工作方向。

推荐方法：流程系数法

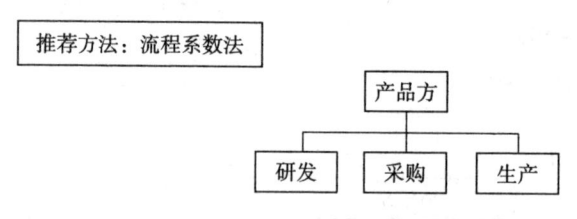

	研发	采购	生产
初始系数	1	1	1
系数增加要求	研发新产品且达到公司对新产品的业绩和利润要求	优质供应商选择，账期及资金周转效率提升，成本控制	提升生产效率，提升产品毛利润率，降低次品率
示例	如新研发一个产品，增加系数0.1	如成本下降1%，增加系数0.1	如次品率下降1个PPM，增加系数0.1
调整系数	1.1	1.1	1.1

注：PPM（parts per million），是指每一百万个产品中不良率的统计标准。

图2-6 二级结算：产品方内部结算方式

研发的结算设计

除了老产品按照1∶1∶1的利润分配外，大家还需要不断开发新产品。随着新产品开发数量的不断增加，需要出台新的奖励政策。一旦研发的新产品达到了公司对新产品的业绩和利润要求，就可以增加提成系数0.1。如果第一代的利润分配比例是1∶1∶1，那么到了第二代，利润分配比例可以是1.1∶1∶1。研发的新产品增多，利润分配的比例也会相应提高。

采购的结算设计

采购的原料质量越高，供应商的个数越多，销量越多，对业绩越有利。我们要考察的是A级供应商的个数、账期、资金周转效率，以及原料整体价格成本的控制。比如成本下降1%，增加系数0.1，采购的分配比例会调整为1∶1.1∶1。

生产的结算设计

如果要提高分配比例，那么生产的效率就要提升，产品的毛利润率要增加，次品率要降低。比如次品率下降1%，分配系数就增加0.1。

产品研发、采购和生产的起步系数都是1∶1∶1，但是它们的突出系数的设定会有所不同。研发要看产品的受欢迎程度、研发的代数、研发的机会；采购要看供应商的质量、账期和资金周转效率、采购成本；生产要看生产效率、产品毛利润率、次品率。当各项指标都较高时，尽管分配比例没有变，但是大家的收入都增加了。

实现了1∶1∶1以后，可以按流程法进行分配，对流程的关键目标进行考核，考核完以后可以增加分配比例。比例都增加之后，企业就看哪部分工作做得比较突出，可以在分配上有所倾斜，以激励其他部门努力追赶。

三级结算：投资者与经营者的利益分割

三级结算首先需要找出产品方和销售方的引擎岗位，然后设计激活引擎岗位的机制。

在三级结算中，岗位可以进行如下划分：

业务分为业务和业务管理，策划分为外包和动态，运营分为运营和运营管理，生产分为生产和运输，采购分为供应商合作和采购，研发分为技术和研发。

三级结算之销售方内部定价

销售方内部定价是三级结算中最重要的一项结算，其核心是业务人员和业务管理人员之间的利益分配，这是企业中最主要的矛盾之一。

销售方内部定价需要注意两个问题。

第一，管理者与业务员的收入没有拉开差距。

一些企业的业务员收入很高，管理者的收入却低于业务员的收入，这会导致原来的管理者跑到竞争对手那里。面对这种情况，销售方必须合理调整业务员和管理者的收入。

第二，管理者垄断核心资源，业务员存活率低。

这个问题主要表现为管理者的收入很高，业务员的收入不高。这会导致有一定能力的业务员离职，甚至会出现业务员集体离职的现象。

上述两个问题说明，老板、销售负责人、业务管理者、团队管理者和业务员之间的利益要有一个平衡点，不能过分倾斜，要尽量保持平衡状态。

为了避免出现过分倾斜的情况，企业需要根据实际情况做出改变：旧产品用老政策，新产品用新政策。新产品重新制定规则，实现再次平衡。已经进了别人口袋的钱，我们又要让他们拿出来，别人肯定会痛。但是还没进别人口袋的钱，是可以重新分配的。新产品的规则是谈出来的，双方都能理解。一个优秀的领导者，也是一个利益的平衡者。

三级结算的销售方内部定价方式见表2-2。

表2-2 三级结算之销售方内部定价方式

销售方提成相对比	销售人员分级	管理者类型
1. 例如总销售提成比例为20% 2. 销售提成比例为10%：12%：14%：14%：18%，即五级阶梯式相对分值比例法 3. 管理奖为0：8%：6%：4%：4% 4. 总监奖为2%	1. 员工需要分级，例如：实习业务员、业务员、高级业务员、代经理、经理 2. 不同级别的人员，其个人业务的提成比例不同 3. 管理者需要帮助下属完成业务，业务员的级别不同，管理奖的比例也不同	1. 英雄型，以个人业绩为主 2. 榜样型，以个人业绩+帮助他人为主 3. 管理型，以帮助他人为主

业务人员分级核算

国内外的管理咨询公司和专家经过多年测评，得出了一个结论：企业不同职位员工之间的利益分割，总销售比例为20%。因此员工一定要分级，并且至少分为五级，分别为实习业务员、业务员、高级业务员、代经理（代主管）、经理，销售提成比例分别为10%、12%、14%、14%、18%，管理奖分别为0、8%、6%、4%、4%。此外，要根据毛利润的比例，扩大或者缩小不同级别员工分配的比例。

在过去，很多企业经理的提成比例和业务员的提成比例相同。比如，经理和业务员的提成比例都是10%，只不过经理还有一个团队管理奖。这样做存在一个问题——没有人愿意当管理者，销售冠军更不愿意当管理者。所以，我们公司直接把两级制调整成五级制，级别提高，提成比例依次上升。这既涉及利益分割问题，也涉及内部定价问题。员工要想得到更多的提成，就需要自己努力，不断提高自己的级别。

管理奖核算

目前，很多管理者不会培养业务员。管理者虽然拿8个点的管理奖，但是帮助一个实习业务员出单的难度太大。有时候管理者虽然只拿4个点，但是容易拿到单，所以拿4个点就是旱涝保收；想要拿6个点，管理者就要多关心实习业务员；管理者要拿到8个点，就必须手把手地教会实习业务员，甚至代而管理才能拿到。这是一个非常重要的管理逻辑。

也有人说，管理者直接把实习业务员的客户带走，自己来做不就行了吗？这是不行的。实习业务员创造的业绩，不仅有提成，还有积分，而积分决定他们的晋升。一旦管理者把实习业务员的客户带走，实习业务员可以马上投诉管理者，因为实习业务员要靠客户的积分改变提成比例。

管理者一般可以分为三类：英雄型、榜样型、管理型。

第一类：英雄型。

这类管理者通常以个人业绩为主，喜欢单打独斗。公司对管理者考核的主要指标为是否完成销售目标。有可能一个部门的指标，他一个人就完成了。只要他能完成销售目标，即使让他做"光杆司令"也是可以的。

第二类：榜样型。

这类管理者通常以个人业绩为主，帮助他人为辅。他们既喜欢自己做业务，也喜欢带团队。

第三类：管理型。

这类管理者通常以帮助他人为主。或者说，这类管理者自己不工作，只让别人工作。

老板不要过度干涉管理者，不要规定管理者必须怎么做。每个人都有自己擅长的部分，让他发挥长处即可。例如，英雄型管理者喜欢自己单打独斗，如果老板让他教别人，可能既教不好别人，又容易影响自己的业绩，甚至影响整个部门的业绩。

总监奖核算

升到总监位置的人，无论是管理能力，还是技术能力，都具有相当高的水平。所以，对比管理奖还可以再给他 2% 的提成比例。

这里说的比例只是举例。公司具体给多少，要根据公司的毛利润测算。有的公司可能是千分之几，有的公司可能是百分之几，有的公司可能不按销售额结算，按吨、件、米、量计算也是有可能的。

有的公司明确表示业绩越高，比例越高，但这种算法存在一定的风险。往往业绩越高，在成交价上越有可能让利。本身毛利润降低，提成又变得更高，导致公司赚不到钱。所以我并不完全主张业绩越高，提成比例越高这种做法。有的公司采用的是定额奖,即超过一定的比例后,确定奖励的定额。我们可以对这种方法进行优化,按照创利的多少,确定分配比例。

三级结算之产品方采购的结算

在三级结算的产品方采购结算中,有很多公司把采购和供应合作合并为一个岗位,我不主张这样做。采购有三项重要的工作:第一,找工厂和供应商;第二,日常采购;第三,品质管控。除了上述三项工作之外,有些采购还承担生产和运输任务。

按道理说,这三项工作不应该由同一个部门负责,而是需要两个部门来做,开发供应商由一个部门负责,日常采购由另外一个部门负责。一般情况下,开发供应商只需要一次,采购工作则是反复进行的。

产品方采购的结算有两种方法,系数法和市场法,见表2-3。

表 2-3 三级结算之产品方采购的结算方法

方法一:系数法	方法二:市场法
1. 如贸易型企业无生产,其核心在于供应商开发、采购、品管运输三者之间的关系 2. 开发供应商、采购与品管运输,初始系数为 1∶1∶1,对每个流程点,根据绩效考核的结果,可以上调系数 3. 开发供应商的核心工作就是开发稳定的供应商,当优质的供应商足够多时,企业利润可以翻倍	即参考市场采购价格进行定价,在开发供应商后,上交公司,按采购金额的一定比例提取佣金作为奖励给开发团队

系数法

开发供应商、采购和运输，三者的初始分配比例是1∶1∶1。根据绩效考核结果，比例系数可以适当调高。

我们用开发供应商这项工作解释系数法。开发供应商的核心内容是开发稳定的供应商，当优质供应商的数量有所增加，企业的利润可能会翻倍。开发供应商这项工作做得好，各种产品做得不错，系数就可以从1上调为1.2或1.3，甚至上调为2。

市场法

市场法是指，参考市场采购价格进行定价，在开发供应商后上交企业，并按采购金额的一定比例提取佣金作为奖励给开发团队。

采购的三级结算方法有市场法、联合营销法、统计分销法等，但整体上用得最多的是市场法，也叫考核法。开发供应商的核心工作主要是发现工厂。

长松公司在美国的GSS公司，业绩从最初的1天100美元增长到前一阶段的1天11万美元。整理数据后我们发现，公司80%的利润源于稳定的供应商生产的产品。如果我们想创造更多的利润，就要开发出更多稳定的、强关系的供应商。

我们公司用两种办法增加利润：第一，不断地整合外面的事业部进来；第二，不断地把组织系统的产品做大。我们公司最有效的方法是不断地做大组织系统的产品，这需要知道企业的主要利润由什么创造。我发现，我们的很多项目只创造了20%的利润，而视频、书籍在组织系统中所占的比例最高，这就需要我们继续深挖组织系统的产品，从而分析下一步的产品方向，需要完善哪些流程，招募哪些人才，这些内容都要重新进行规划。一个企业家要明白自己企业的优势项目，并把优势项目做深、做透。

我们经过考察发现，目前公司优质、强关系的供应商一共有10家。我们进一步同这10家供应商加强合作，公司的利润立刻翻了3倍。

按照采购、品控和运输1∶1∶1的比例，可以采用市场法。专管开发的部门完成开发后，把供应商交给公司，开发部门的提成可以按照一定的比例增加；另一个部门负责采购，谁采购的量多，谁获得的奖金就多。

三级结算之产品方生产的结算

生产和运输的结算方法理论上也可以进行细分。比如，按生产量测算法或者按百分比测算法，通过计算比例拿走提成和收益就可以了。它是将生产与运输绑定，按生产量或百分比进行测算的方法。

三级结算之产品方研发的结算

现在很多人认为，技术就等于产品。比如，我会讲课，大家就错误地把课程理解为产品。这种理解是不正确的。

如何才能让技术成为产品呢？需要多个步骤：技术研发、寻找合作机构、多次试验、产品生产、产品运输、市场策划、销售产品、提供服务。技术需要研发且经过产品化后才能变成批量产品，这就是为什么一部分技术专家认为自己手握一项技术就能获得利润，却始终无法获得利润的原因。

其他内部定价结算方法

成本加成法

成本加成法是将产品从研发到销售这一流程划分为若干个环节，每个环节进行加价。

成本加成法对市场的要求比较高，在市场发展良好时可以采用。例如歌华有线、移动通信、国家电网这些大型企业都可以用成本加成法。这类企业会一直有客户，并与这些客户维持一种稳定的关系，产品就会容易销售。

定额比例法

定额比例法就是算出一个产品的毛利润是多少，按照流程中各个环节的价值量进行分解，并计算出每个环节的比例。谁的效率高，谁赚得就相对较多。

人均边际贡献法

人均边际贡献法指假设我们每一个人创造出的价值是一样的，每个环节按所占人数计算出环节的结算，哪个部门的员工多，创造的总利润就高。人均边际贡献法比较适合不进行研发的企业，例如规模生产型企业。

成本加价法

成本加价法是指在原来的成本上上浮一定比例，算出市场定价。

吃透内部定价原则，抓好结算目标

结算目标指计算出每一个小组织、每一个环节、每一个流程点、每一个人的利润贡献，将企业变成多个小组织的集合体，这些小组织，甚至每个人都能获得利润。这也是结算的终极目标。

其实只要能掌握、吃透本章的内部定价结算图，企业内部市场的核算定价问题基本上就能解决。内部市场的核算定价问题解决之后，内部的利益分割就确定了，就形成了无数个小组织。

企业最好的管理方法就是精细到每一个人。如果企业做不到核算出每一个人的利润贡献值，最起码要核算出每一个小组织的利润贡献值；无如果法核算出一个小组织的利润贡献值，最起码要做到核算出其中一个较大流程的利润贡献值；如果无法核算出一个大流程的利润贡献值，最起码要做到核算出大流程中的几大环节的利润贡献值；如果连几大环节的利润核算都做不了，最起码要把生产和营销利润分开核算；如果连这一项工作都做不到，就只能等着企业破产了。

成本是管理的核心，是无法回避的。核算出每一个环节的成本之后，要进行优化。市场的目标销售额减去成本，等于能赚的钱。我们只有算出能赚的钱，才知道如何给每一个人分红。

第三章

信任是分钱的前提，合作的基础

遵守规则是信任的基础

有限责任公司建立若干个事业部、分/子公司等多个利益共同体。利润分红主体包括股东、战略决策者、负责人、员工等，公司盈利后才能分钱。分钱的前提是信任，股东之间的信任才是合作的基础，而这种信任是建立在相互遵守规则的基础之上的。

我让会计帮我买了几箱野燕麦，总共花了5800元，正常应该直接从我的工资里扣除，然而在现实中却可能不是这样操作的。有的老板会让会计直接报销。

野燕麦虽然是我个人用的，但是也有发票，如果把这5800元做到公司账上，会出现一个问题：这笔开支只要向公司报账，各个事业部就会分摊，等于我办了私事，公司很多人的头上却莫名其妙地增加了成本。这对他们来说是不公平的，企业与员工、老板与员工之间的信任就会遭到破坏。作为董事长，我如果偷偷地报销自己花费的5800元，这就叫带头破坏规则。

很多企业的股东为了省钱，不仅把自己外出就餐的费用报到公司的账上，甚至连孩子报舞蹈班的费用也要报到公司的账上。他们这种心态永远整合不了大量的人才，无法形成利益共同体，这种行为是为了眼前利益损害了长远利益。

公司的核心股东和高管一定要建立起信任关系。公司也要有一个清晰的规则，规定该怎么做就怎么做，做到公是公、私是私。

企业经营利益图：厘清企业经营利益关系

很多老板没有认识到核算的本质，自然算不清账。一家企业的经营利益可以总结为一幅企业经营利益图，见图3-1。位于最上方的是股东，股东下方是战略决策者。战略决策者的下面又分出两项，左边是主营项目，右边是平台。平台下面又有很多项目负责人，由公司中的3O管理。

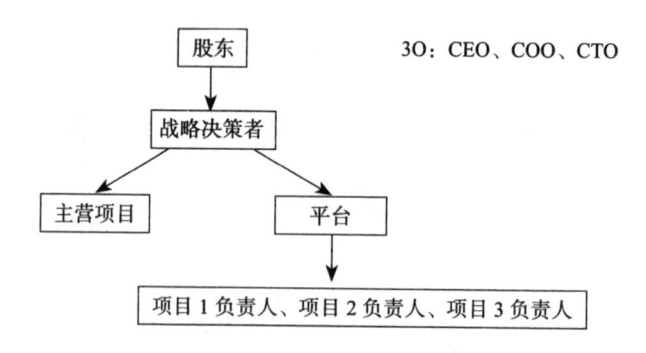

图 3-1 企业经营利益图

我们发现，经营利益图共涉及四层利益关系：平台是第一层利益关系，3O是第二层利益关系，战略决策者是第三层利益关系，股东是第四层利益关系。总部的会计利益在第三层,分/子公司的会计利益在第一层。每一个利益层的关系都不太一样,但是它们都有一个共同利益。

如果你经营的是一家小公司,或者只做一个项目,企业核算就比较简单;如果你有一系列的项目,企业核算就变得比较复杂。如果一个平台上有许多项目和项目负责人,企业核算就是比较复杂的,这里不仅涉及机会、红利,还涉及老板和股东的格局。

3O分得平台各项目的15%,主项目负责人分本项目的50%,平台最多分到本项目的35%。我们可以设计一个版图,通过这个版图,股东要明白,你拿到的占公司总利润的35%就可以了,不能太贪心。

虽然是自己开创的企业,老板作为主项目负责人已经拿到50%,再加上股东和战略决策者的身份,可以再分35%,至少能拿到85%。如果项目变多,拿到的利润就更多,这时老板最好把所得利润比例压缩到35%以内。

做好主项目后,老板就要逐步去找3O建立平台。每个人都可以合作,可以谈25%~50%的分红。谈完后,3O基本上大概能拿到平台各个项目部利润的15%左右。3O的重要使命是大规模地找项目,项目越多,15%的总量就会变得越高,挣得就越多。此外,股东和战略决策者在这些项目中还有提成比例。如果做好了,平台就可以发展为生态链。

在现实中,有一些人不想承担责任,只想实现价值最大化。有的人说:"我凭什么给别人机会?我凭什么要吃亏?为什么我占少的,他们占多的?"如果你想不通这些,平台是无法建立起来的。

每个人所在的项目不同,主要的关注点肯定不同,每个人都关注自己的项目,专注于自己的事情,这样效率才是最高的。

企业经营利益图做好后,我们就要思考怎样做核算才能把账算清楚。

核算的第一件事情,就是算出每个小组织的利润,我们可以约定业绩怎么区分、成本怎么分摊、税收怎么分配。之后我们就可以根据这些重要的要素,把平台搭建起来。

核算收入、成本和利润三者的逻辑关系

我们通过《富爸爸穷爸爸》一书来说明收入、成本和利润三者的逻辑关系。

《富爸爸穷爸爸》这本书的核心内容是尽管穷爸爸和富爸爸目前的收入相差无几，他们的成本维度却不同。穷爸爸把大量的成本用于消耗性物品，比如买房、买车、买衣服等；而富爸爸会把收入中比例很小的一部分用于消耗性物品，大部分用于学习，提高自己的文化水平，然后做理财投资。

尽管穷爸爸和富爸爸的收入差别不是很大，但是他们在支出方面发生了一定的结构性变化——富爸爸的资产变得越来越多，而穷爸爸的资产越来越少，因为钱都花掉了。

多年以后，富爸爸变成了百万富翁，穷爸爸还是老样子。人与人的差别在于，能否厘清收入、成本和利润之间的逻辑关系。

企业财富积累的三个阶段

企业财富的积累从 A 级开始逐步完善，到 C 级则可以形成良性循环，具体内容见表 3–1。

表 3–1　企业财富积累的三个阶段

阶段	收入组成	支出组成	分钱组成
A 级	业绩	成本	分钱
B 级	业绩	成本和投资	分钱和期权
C 级	业绩、融资、预收款	成本、投资、减少库存、租赁、整合	分钱、资产、期权、股权激励

衡量企业是否有钱，我们可以通过表 3–1 思考三个相关要素：收入、成本和利润。此外，有些利润问题后面还会涉及资产问题。事业部本质上就是在不断地规划收入、成本和资产的逻辑关系。

我们通过表 3–1 具体分析企业财富积累的三个阶段。

同 A 级相比，B 级企业除了固有的成本支出之外，又增加了一项投资；除了正常分钱之外，还有了期权。到了 C 级企业，收入方面增加了融资和预收款；在支出方面，不仅有成本和投资，还有减少库存、租赁和整合。我们在 C 级企业要注意，先将一部分利润配置给资产、期权和股权激励，再留一部分利润用于分钱，这样可以增加我们的资产。特别是当资产中虚拟资产的产权非常多时，一旦有了期权的激励，就可以降低成本。

一些企业只学到了分红这个初级概念，其他概念知道得太少。真正的分红要有高级概念，收入里面不但有业绩，还有融资以及预收款的设计。根据"富爸爸穷爸爸"的原理，可以把企业说成富企业穷企业。穷企业挣完钱就开始购物、团建……开始各种消费。但是富企业不会这么做，富企业会理财，提高综合能力，因此富企业的资产会越来越多，这些资产又会变成企业的利润。

长松公司是一家投资较少的公司，做到 B 级就可以了。如果我们是一家大型重资产企业，就需要做到 C 级。因此，一家企业经营得好，原因之一是它有自己的经营逻辑。我见过很多企业家，穿着、出行、住房等条件都比我好，但是他们的企业没有钱。这是因为企业的成本一直在增加，而资产一直在减少，它的业绩扩张能力就会下降，长此以往利润就会受影响。

打造利益共同体

利益共同体总共可以分为三个阶段：初级共同体、利益共同体、命运共同体。

打造利益共同体的前提是信任。双方提前约定核算的明细，如果没有形成利益共同体，就不可能形成命运共同体。

我们要想和自己的团队形成利益共同体，必须向团队成员说清楚收入由哪些要素构成，成本由哪些要素构成。收入和成本的主要内容见表3–2。

表3–2 的利益共同体核算明细建立在企业信任的基础上，所有核算账的分红是可支配的现金。

表 3-2 利益共同体核算明细

成本明细	收入明细
公摊费用：需出文件规定	业绩收入＝预收款＋交付款＋应收款
分摊费用：事业部独立办公分摊的成本	预收款：一般不能分红，业绩利润（客户没有上课有退款风险），分/子公司采用业绩利润分红
税收成本：约定	交付收款：总部采用实际交付利润分红
备用金：研发、扩张、发展三类备用金	应收款：可预期应收款和不可预期应收款
产品成本	
管理费用：管理人员的各种费用及管理产生的各种费用	
员工工资和提成	
其他费用	

成本明细

第一，公摊费用。

要明确公摊费用。比如员工去参加学习或培训，会产生成本，这个成本要分摊给各个事业部。这就需要企业先定好规则，约定公摊费用如何分摊，并且形成文件。

第二，分摊费用。

我们在约定公摊费用的同时，也要约定分摊费用。分摊费用是指事业部独立办公的费用。比如事业部办公产生的房租、水电费用，都要分摊。

第三，税收成本。

如果公司下面没有事业部和分/子公司，那么税收就由一个公司承担。如果是有事业部和分/子公司，就要清楚地约定税收如何分摊。

第四，备用金。

备用金包含研发备用金、扩张备用金、发展备用金。

研发备用金，就是公司创造利润以后，留出的一笔钱。像实业型、产品型的公司会用这笔钱做新产品的研发，留出的比例应该是利润的10%。销售型公司会将这笔钱当作扩张备用金。一般情况下，销售公司都会有扩张，比如餐厅要开多个分店，这就需要留出利润的30%用来扩张。发展备用金是公司利润连续下滑，前景不乐观时，用于帮助公司渡过难关的资金。比如，公司这两年处在亏损当中，就可以启用发展备用金。

第五，产品成本。

产品成本一般来说比较容易算清楚，不会轻易出现问题。比如我们生产的杯子成本是多少钱，是可以算清楚的。

第六，管理费用。

管理费用是指管理人员的各种费用，以及因管理产生的各种费用。

第七，员工工资和提成。

这一部分包括员工的基本工资、福利、社保，以及提成等相关费用。

第八，其他费用。

其他费用也要约定清楚。在本章第一节里，我提到了一个5800元野燕麦费用报销的案例。有些老板喜欢什么费用都报到公司的账里，这样是无法取得他人信任的。

我的一个朋友和几个股东合伙开公司，最后股东们都离开了。他感到不解，让我帮他分析原因。

我到他的公司做了调研之后发现，他把家里的水电费、油费，以及孩子的各种费用支出都报到了公司的账上，认为这种做法可以省钱。然而，这种做法严重地破坏了他和股东之间的信任。大家不信任你，你就无法建立平台，无法整合优秀人才。

大部分公司无以为继，主要还是信任出现问题，而信任问题的背后就是费用问题。

收入明细

一般来讲，预收款是不能分红的。长松公司有两种预收款：一种叫交付利润，一种叫业绩利润。比如，我们现在收到1000万元，客户还没有上课，就说明存在客户退款的风险。

营销人员发工资有个特点，就是"快"，恨不得上一分钟做完业绩，下一分钟就把账算出来，再下一分钟，钱已经到账了。这里面快的就是预收款。

公司肯定希望得到交付利润，但交付利润比较难算，公司也很容易在这方面出问题，因此，我们公司的业绩收入包含了预收款收入、交付款收入、应收款收入。

应收款是我们已经发货了，但是还没有到账的货款。应收款有两种情况：一种情况是虽然没有收到钱，但是对方非常遵守协约，在约定的期限内一定会把钱付给我们，这种情况叫可预期应收款，这笔生意是可以做的。另一种情况是不可预期的应收款，比如我们发出价值5000万元的货，对方却不能向我们保证何时拿到货款。这种情况就存在很大的风险，因此我们不建议采用这种方法，也不建议做这笔生意。

没有一家伟大的企业是靠不可预期收入做大的，它们都要靠现金业绩收入或可预期收入。如果你的企业想依靠可预期收入做生意，还是可以有所发展的。如果你的企业想依靠不可预期收入做生意，我劝你还是尽早放弃，因为早晚有一天企业会吃大亏。

收入分配

销售完成以后，公司一般会先对收入进行分配。收入分配本质上分为以下几种分配方式。

一维分配：直接按照全部收入分配利润。

二维分配：将收入分配到产品与营销两个机构当中，分别按照毛利润的 40% 和 60% 分配。

三维分配：收入分为产品、营销和服务。服务先提走 5% 的服务费用，余下的部分由产品与营销按 40%：60% 的比例进行分配。当然，这个比例是可以灵活调整的。

有的集团型公司是这样分配的：事业部和营销公司挣的钱，集团总部直接提走 5%。比如美容美发行业，总部是服务方，其任务是向分公司提供培训，包括产品设计、战略方向定位、管理等。总部按照一定的比例取走利润后，剩余的部分再分配给产品与营销。

不同的公司要根据自己的需求进行调整。随着时间、层级的不同，分配比例还会发生变化，既能提高，也能降低。员工要想挣得多，就要把业绩做好。员工业绩做得好，总部同样按照一定的比例拿走利润，剩下大部分利润可以用来激励员工。

利益共同体的建设，就是让各个小组织形成清晰的收入归属。每个组织的收入怎么分配？利益怎么分配？成本怎么分摊？这些都是建立在信任的基础上的。即使是亲兄弟也要明算账，如果兄弟之间的账算不清楚，感情肯定会出问题。

  董事会要把各个部门的利益相关负责人的账算清楚。企业所有分红的核算账比例要按照可支配现金分配，而不是按照库存分配。要保证员工分到的一定是钱，而不是一些物品。

核算账公式及核算账文件

在公司各方协商沟通一致的前提下，由董事会发布核算账文件。我以《关于各事业部核算明细的通知》为例，向大家介绍核算账公式。

当各个成本和收入做好以后，就可以形成一个文件。但发布文件的时候，要与各个事业部的负责人和各个管理者协商一致。

核算账公式

核算账公式是一个约定，并不是说公司有多少成本，就一定要分摊多少成本。有的成本是能分摊的，有的成本是不能分摊的，有的成本只能分摊一部分，公司要根据实际情况运用公式。

核算账公式如下：

事业部利润＝总部实际销售额－（事业部人员薪酬及提成＋营销中心提成＋办公租金＋公摊费用＋办公管理费用＋营运费用＋赠送产品费用＋约定服务费用＋税金＋其他相关费用）

比如，公司规定了实际销售额要减去给分/子公司的钱，再减去一些项目产生的费用。这些费用包括事业部人员的薪酬和提成、总部因营销产生的提成、租金、公摊费用、办公管理的费用、日常开支的营运费用、赠送产品费用、约定服务费用（比如有的产品要退款，退的时候提成已经发了，所以我们会从每一个产品的销售价格中按比例提出一部分，作为约定服务费用），以及税金和其他相关费用。简单地说，事业部的利润就是总部实际销售额减去这些费用。

我们会对这些费用做出明文的规定。比如，公摊费用包含了总部统一举办的营销活动费用、总部办公费用和经营活动产生的费用，其中办公费用包含了日常的、活动的等财务约定费用。另外，员工产生的相关费用（包括雇用老师的成本，以及营销中心、行政中心、财务中心、渠道中心等人员的工资和福利成本）也要计算在内。

公摊费用的分摊方法有三种：平均分摊法，适合均衡发展的事业部；事业部规模法，按事业部的规模大小进行分摊；年度业绩比例法，根据企业去年的业绩，按照规定好的系数确定。公摊费用其实是不用分的，可以直接扣掉。

此外还有专属费用、固定资产费用专属费用，包含工资、福利、提成、奖金，还有各事业部自己独立运营的费用、实际发放的税金、约定的成本，以及各事业部启动的费用、招待费用等。

固定资产费用都是企业自己产生的，需要把控，让它们变成企业的成本。

事业部可以按照分配的比例，围绕分多少钱给大家，多少钱用于发展金，多少钱用于风险提留金等内容进行调整。

核算账文件

我们可以把核算账文件作为事业部的分配方法，也可以单独为其制订一份核算账文件。一般情况下，一家企业会有好几份核算账文件。

形成核算账文件有几种好处：

第一，可以明确地约定销售的成本；第二，可以明确地约定核算的办法；第三，可以明确地约定核算账的公式；第四，可以做出三张表，分别是事业部的、分/子公司的和总部的，规定他们该怎样各自核算。

大家协商之后，就可以应用到实际的经营工作当中。一个好的核算账文件可以应用多年。要确保机制的稳定性，而不是变来变去。

附：核算账文件

××公司文件

关于各事业部核算明细的通知

字（　　年　　月第　号）

财务中心、各事业部总经理：

经公司研究决定，特就各事业部费用分摊与利润核算明细通知如下：

一、相关利润核算办法

××事业部利润＝总部实际销售额－（事业部人员薪酬及提成＋营销中心提成＋办公租金＋公摊费用＋办公管理费用＋营运费用＋赠送产品费用＋约定服务费用＋税金＋其他相关费用）

二、公摊费用

以下费用属于各事业部公摊费用，包括：

1. 营销费用，即总部举办的一系列会议活动、市场活动（专属某事业部的营销活动或促销活动除外）所产生的费用；

2. 总部办公费用，包括总部办公的日常开支、活动费用等财务约定的相关费用；

3. 人员费用，包括雇用老师的成本，营销中心、行政中心、财务中心、渠道中心等部门人员工资及福利成本；招聘费用，即由总部统一组织的招聘会、招聘网站所产生的费用（专属某事业部的招聘渠道所产生的费用除外）。

公摊费用采取各事业部均摊方式，即总发生费用额／总事业部数量，以简化计算。

参与公摊费用分配的事业部目前共 _____ 个，包括 _____。

三、分摊费用

1. ××职场房租及水电费用：由××事业部、××事业部、××事业部平摊。

2. ××职场房租及水电费用：由××事业部、××事业部、××事业部平摊。

四、专属费用

1. 各事业部所属人员工资、福利费用、提成、奖励，其中各个事业部中，若事业部人员存在较大程度共享，由各事业部负责人提交名单，在工资表核算中予以分开体现；

2. 各事业部独立运营的费用；

3. 各事业部实际支付税金；

4. 各事业部约定服务成本；

5. 各事业部专属前期启动费用，包括前期人员成本、专项立项费用等；

6. 各事业部支出招待费、差旅费等；

7. 各事业部支出广告费、推广费、网络运营费用等；

8. 各事业部固定资产费用，后期购买的固定资产全额归入该事业部，前期由公司拨转的固定资产按折旧期限进行换算。

五、核算周期

按季度结算。

六、项目可分配利润

各事业部均拿出事业部利润的_____%用于分配团队成员。

项目可分配利润在第一项项目利润核算的基础上，为保障公司发展基金，再减去以下两项：

1. 公司发展金，为项目利润的_____%；

2. 公司风险提留金，为项目利润的_____%。

即总共减去_____%，项目团队成员的分红以此项目可分配利润为基数。

七、补充说明

新成立的事业部，如目前没有收入则采取先记账制。

其他新事业部成立运作后，另行发文通知说明。

八、实施周期

以上核算方式，自 _____ 年 _____ 月 _____ 正式执行。

特此通知。

××公司
年　月　日

第四章

合理的薪酬是分钱的艺术

企业需要合理的薪酬分配

工资要有合理的区间。比如，如果给每位员工10000元的工资，企业的成本是多少？按照国家法律规定，10000元工资需要缴纳的个人所得税是290元左右，企业要给员工缴纳2700元左右的社会保险以及5%~12%的住房公积金。这样我们大致算出一个工资是10000元的员工，企业的成本为14000元左右。

如果员工工资太高，企业的成本就会过高，容易增加企业的负担；如果工资太低，可能就留不住员工。我们公司有一名入职很久的员工，他刚入职时，月薪只有2000元，这是无法保障其基本生活的，企业必须增加其工资。所以，企业要保证员工的工资在一个合理的区间内。

经过测试，一个新员工来到我们公司第一个月必须向别人借400元。这就等于他这个月亏损了400元。亏损400元导致的结果是，凡是到我们公司第一个月一本书都没有卖出的人直接离职了，能够卖掉一些书的人就进入了第二轮。第二个月的工资还是2000元，如果这个月他再亏损，就又要借400元。但基本上到第三个月，新员工一般都能把书卖出去了。这时候公司就可以给他们加工资了。

什么样的公司工资可以适当高一些呢？有员工培养期的公司。比如，员工在培养期的工资是 1500 元加 1500 元补助，共 3000 元；也可以是 2500 元加 2500 元补助，共 5000 元。不过，企业要非常明确地告诉员工，额外的 1500 元或 2500 元是他在培育期内的补助，不在培育期就没有这份补助。

薪酬是如何设计的

设计薪酬必须了解的内容

了解产品结构

产品结构也叫商业产品结构。比如，一个大型工程类产品的销售人员和一个快速消费品产品的销售人员，在设计他们的薪酬时是完全不一样的，因为两种产品的销售周期不一样。再如，保险公司的业务员可以零底薪，但是如果给一个工程销售人员零底薪，你很难招到人，因为产品特性不一样。销售一个工程可能需要两年，但卖出一份保险不需要这么长的时间，如果只给工程基建销售人员销售提成，而没有底薪，对于他们来说是不公平的。所以，设计薪酬时，你必须先了解公司的产品特点。

了解企业内部流程

员工必须按照一定的流程工作，公司训练的员工去拜访顾客，先迈左脚还是先迈右脚，都是有标准的。企业的内部流程不同，薪酬结构也就不同。

总体而言，内部流程总共有三种：

第一种，复杂流程简单工作。

第二种，简单流程复杂工作。

第三种，简单流程简单工作。

比如，自动化工厂是复杂流程简单工作，这种从事复杂流程简单工作的人，一般薪酬都不高。再如，摄影师的工作属于简单流程复杂工作。按一下快门似乎很简单，但是拍出一张精彩的照片并不简单，对摄影师的要求是非常高的。

换句话说，一个简单流程复杂工作的岗位，是没有办法用低底薪的。

流程完善，底薪可以适当降低。流程越完善，底薪越低。保险公司对负责卖产品的人、负责评定的人、负责理赔的人等，各个岗位都有明确的工作流程，每一个动作都有明确的标准，所以可以实现零底薪。

如果老板不完善内部流程，这个岗位的底薪就必须高，因为这个岗位要高度依赖人的能力。

了解同行业的薪酬结构

所谓同行业的薪酬结构，就是竞争对手的薪酬结构。了解同行业的薪酬结构能够帮助企业解决企业内部存在的分配不公平或不合理的问题，制定科学、合理的薪酬分配方案。此外，了解同行业的薪酬结构也能帮助企业制定相对有优势的薪酬结构，吸引优秀人才。

了解优秀薪酬设计的必备要点

优秀的薪酬设计具备以下几个要点。

第一，可期待的晋升通道。

薪酬绝对不是发工资这么简单，优秀的薪酬等于可期待的晋升通道。换句话说，对企业员工的晋升，要用数据化标准而不是用感情化标准去评估。比如，我的公司内部晋升全部是数据化的，我不是看谁跟我的关系好就提拔谁，而是看他是否有能力，是否为公司带来效益。员工只有努力工作，才有晋升的机会，通过晋升，他才可以挣更多的钱。

第二，根据薪酬激励，上级愿意培养下级。

现在很多企业薪酬机制出现了问题，导致上级对下级不管不问，甚至出现了下级学会了很多东西，上级还要阻止他成长的情况。主要原因之一是薪酬的上下级结构出现了问题。

第三，短期薪酬与长期收益相结合。

企业要给员工短期提成，也不能忽视员工的长期收益。许多企业在短期薪酬上做得比较到位，却忽视了员工的长期收益。

第四，为出色的员工设置奖励。

企业要找出表现出色的员工，给他额外奖励。所以企业要设超产奖、冲刺奖。

第五，要有明确的考核机制。

企业要有考核。缺乏考核，就缺乏考核文化，一旦缺乏考核文化，一些人就会懈怠，工作效率降低，影响企业的发展。所以，确立明确的考核机制是企业发展的重要条件之一。

第六，兼顾人性化和人情味。

企业薪酬要有人情味，内部要有具有人情味的服务标准。

企业把上述内容都建立好、完善好，就能让员工安心地为企业服务。

六级薪酬制

目前，企业薪酬总体上分为六级。

固定薪酬制

这种薪酬制主要适合于个体户，他们并不需要复杂的薪酬体系。有些公司就是个体户，采用固定薪酬制便能收到良好的效果。

个体户的薪酬结构是月薪＋年底薪＋红包。大多数传统生产型企业都采用了这种薪酬结构。

销提奖金制

固定薪酬制有一些落后，于是我们就把它优化成销提奖金制，薪酬结构是工资＋销售提成＋管理奖＋超产奖。

合伙人提成制

合伙人的薪酬结构是营销贡献奖＋事业部利润分红。如果合伙人能为公司创造大量收益，企业就要继续给他们提成。

利润提成制

利润提成制的薪酬结构是工资＋利润提成＋超产奖，或者是工资＋利润提成＋管理奖＋组织奖。

任职资格分红制

任职资格分红制的薪酬结构是工资＋任职资格奖金分红＋任职资格

导向分红+小组织利润分红。

股权薪酬制

股权薪酬制也是最高级别的薪酬制。它的薪酬结构是年薪+股权奖金。这一薪酬结构包含基本工资，只不过这种基本工资可以叫年薪，并且年薪所占比例较小，股权奖金所占比例较大。

三类薪酬

大部分企业的薪酬方式基本上都属于这六级薪酬。这六级薪酬又可以划分为三大类。

第一类：年薪制薪酬

年薪制是指一家企业以年薪总收入为谈判标准，然后进行考核和晋升的体系。许多世界500强企业的高管都用的是年薪制。

年薪制的使用需要满足一些前提：第一，企业要有清晰的数字模型；第二，企业的利润具有可预测性；第三，企业有成熟的内部流程和产品结构。

然而企业中大部的分岗位是很难评估的，如果我们不建立数字模型，就更难以评估了。我们都知道，在不同的公司，财务岗位负责工作的复杂程度也是不一样的，所以我们没有针对类似职务的数字模型，也就没有办法去谈年薪制。

第二类：考核制薪酬

考核制薪酬一般是中、低底薪+高考核工资的一种模型。如果企业采用这种模型，就要有非常清晰的培训体系，还要有清晰的考核标准及考核文化。有很多企业缺乏考核文化，企业高管不愿意被考核，却想拿高工资，这是行不通的。

考核制薪酬往往比较适合工程类、科技类等公司。这类企业无法实现同质化，底薪+提成的薪酬方式不容易实行，往往采用考核制。

第三类：提成制薪酬

提成制薪酬一般是中、低底薪+高提成制的薪酬结构。采用这种薪酬方式的前提是要有清晰的产品结构、提成标准、培训体系和晋升体系。一般来讲，提成制的目的不是提成，而是晋升，在晋升之后才有获得高提成的机会。

企业老板、管理者要在了解这三种薪酬方式的基础上，选择适合自己企业实际情况的薪酬方式。

有个企业老板问过我，是否存在一家企业同时运用三种薪酬结构的可能。答案是肯定的。比如，企业顾问委员会成员、审计人员、高管，这些岗位我们可能采用年薪制；企业中的职能、运营岗位，可能采用考核制；企业中的营销岗位，可能采用提成制。所以在一家企业中，我们可能会共同运用这三种薪酬结构。

优秀的企业薪酬结构

在对薪酬结构有了一定的了解之后,我们来看看什么是优秀的企业薪酬结构。

年薪制

一般情况下,年薪制的薪酬结构＝月薪＋年薪＝月固定工资＋月绩效工资＋月奖金＋年底奖金＋超产奖。

对年薪制人员的考核,不仅要对月绩效进行考核,确定月绩效工资,还要在年底进行考核,确定年底的奖金分红,以及根据冲刺目标确定超产奖。

年薪制一般会采用顶薪制。什么叫顶薪制?就是你的薪酬上限一定有一个金额。我们用年薪制里的奖金来举例说明。比如,总经理在年底达到目标,他的奖金部分会有20万元、40万元、60万元、80万元、100万元几个等级,总经理最高可能会拿到100万元。这就是顶薪制。

年薪制一般适合商业模式比较成熟的企业。

考核制

考核制的主要考核方法有三种:第一种,公司目标考核法;第二种,公司的关键指标考核法;第三种,公司的目标＋创新指标＋挑战指标考核法。

如果企业的薪酬结构是年薪制,第三种考核方法,即公司目标＋创新指标＋挑战性指标考核法会更为合适。因为这种考核方法既有公司目标,又有创新指标,还有挑战指标,考核内容更加全面,考核方式也更加合理。

分红制

分红制是指象征性的固定收益+分红,这是以生存为基础的分配方式。象征性的固定收益是指底薪是象征性的,分红工资是主要部分。在很多一线城市,即使月薪1万元也不具备岗位竞争力,这就需要分红提高收益,所以采用象征性的固定收益+分红为基础的分配方式。

常见工资类型及分配方式

常见的工资类型

常见的工资类型有以下几种：

第一种，保底工资，也叫固定工资，是指为了基本生活设定的工资。保底工资与出勤率有关联。

第二种，绩效工资，与工作技能在岗位上的表现产生的结果分数相关联。

第三种，业绩提成，是指岗位目标、业绩实现后的提成。比如生产完成量、销售额、关键人才培养数等都可以作为业绩提成基数。

第四种，岗位利润分红，是指为岗位的关键人才设定的一种分红。

第五种，岗位补助，是指为岗位人才生活与工作所提供的补助。

第六种，计件工资，是指计算岗位工作获取的合格产品的提成。

第七种，项目提成，是指完成项目后获利得到的奖励。

第八种，专利利润提成，是指团队或个人研发专利后获得的奖励。

第九种，环节提成，是指一个项目的某个环节完成后获得的提成。

第十种，超产奖，是指超额完成冲刺目标后的提成。

第十一种，事业部分红，是指事业部团队获得的分红。

第十二种，股权分红，是指管理者参与公司股权激励而获得的分红。它也指投资者因投资获利而产生的分红。

第十三种，年终工资，是指在公司就业时间较长而获得的就业奖励，也就是老员工可以得到的一种奖励。

例如，某企业去年的利润为600万元，今年的冲刺目标是1000万元，保底目标为900万元，今年至少增加300万元，才能完成目标。从理论上讲，如果今年的利润在600万元以下，员工就没有提成了。

长松公司是这样操作的。公司规定，利润达到300万元，新人就有提成。比如，长松公司去年的利润是600万元，今年如果新员工按照公司的规定，一入职就要完成600万元的利润考核，这是很难做到的，所以要降低对新人的考核标准，但是不能以0元作为起步，否则就无法体现出新人的价值。

我们用300万元的利润做起点，300万元以下的利润部分没有分红，300万~900万元之间有600万元的弹性空间，600万元的提成比例为10%，即可提成60万元。利润在1000万元以上提成比例为11%，这些超出的部分就是超产奖。

工资分配方式

通常，工资是这样分配的：业绩型岗位的工资为固定收益占40%，效益收益占60%。许多人认为，年薪100万元就是100万元除以12个月，大概每个月得到 8 万多元，其实不是这样的。在固定收益里，固定工资占 40%，绩效工资占 60%，这是目前最为安全的计算方法。

固定工资也可以这样分配：商业保密金加岗位津贴 4 万元，固定工资 12 万元。绩效工资按照等级，分别是 3 万元、2.5 万元、2 万元、1.5 万元、1 万元。

商业保密金是指如果你泄露了公司的商业机密，就要给予公司赔偿；如果你不泄密，公司可以每个月给你一些钱，这些钱的数额可以事先约定好。岗位不同，保密的内容也不一样。商业保密书就像买保险一样，如果有人不愿意签这份保密书，那么公司还敢用这种人吗？商业保密是职业化程度的最低标准。

关于商业保密金，有三种常见做法。第一种是公司不给你钱，你在岗位上也必须保密；如果你泄密，公司有权处罚你，这是国家允许的。第二种是公司按照协议，每月给你一些钱，你替公司保密。第三种是公司平常不给你钱，你离职时公司一次性给你一定的竞业协议补偿金，你保证离职多少年内不能泄密。这些都要在劳动合同上写清楚。

根据合同规定，只要你泄露公司的商业机密，就要赔偿，甚至被追究法律责任。

薪酬结构设计要合理

薪酬设计的几种常见方法

对于职场人来说，年薪制的安全感大于考核制，考核制的安全感大于提成制。所有人都喜欢把钱装到自己的口袋里，装到自己口袋里最好的办法就是年薪制，即公司按时间给我分钱。

对于企业而言，这三种薪酬设计的成本不同。年薪制总和的比例乘以 1.2 等于考核制，考核制总和的比例乘以 1.2 等于提成制。所以，提成制薪酬支付的成本最高。

尽管提成薪酬的支付成本最高，但其风险是比较低的。因为当业绩少，提成就少，甚至没有提成，即使固定开支依然较高，采用提成制的公司的支付成本也不会太高。假如公司经营状况不佳，即使裁员 300 人，公司需要支付的成本可能是 300 万元。如果采用年薪制，需要支付的成本会超过 300 万元。无形中增加了公司的负担，容易导致其破产。

一般情况下，企业主要有三种薪酬设计的方法。

高低工资制

一般来说，企业会制定最低工资和最高工资，中间的工资要用价值量（我会用一个章节专门讲价值量）去做。

高低工资制是用最低工资乘以价值量，最高工资乘以价值量，中间的是浮差，再按照一定的比例计算，一定能算出均值。这种企业的基本工资并不是员工收入的主要部分，员工的基本工资可能占自己薪酬的30%~40%，剩下的60%~70%属于浮动工资。

我经常采用这种方式。比如长松公司的薪酬设计方式采用的是高低工资制，员工工资范围是4000元~4万元。

高低工资制并非适合所有类型的企业，它适合业绩型企业，即业务型企业。

战略薪酬制

战略薪酬制是指推翻行业当中所有的规则，自成一体。一些优秀的企业都使用战略薪酬制，比如，华为采用小湿股模式，英特尔公司采用的则是多种股权的激励机制。许多优秀的企业会设计不同于同行业其他企业的薪酬制度，从而帮助企业成为行中的佼佼者。

调研制

调研制，也被称为薪酬调查制。它是指企业分别对同行业不同地区、同行业同地区、同地区不同行业调研，用价值量乘以调研的系数，算出企业薪酬的一种方法。

上述三种薪酬设计，我建议企业采用第三种，即调研制。原因是一一般情况下，调研制薪酬设计和同行业薪酬不会产生太大的误差，并且能够得到全体公司员工的支持。

然而，在给企业做辅导时，我会经常采用高低工资制，并配合价值量一起使用。还是以长松公司为例，当公司采用高低工资制设计出薪酬之后，我们发现公司员工的工资范围在4000元~4万元，中间划分好几个段，这些段对应的就是不同岗位得到的薪酬。

薪酬结构的基本构成

事实上，没有一家企业的薪酬结构只有一个固定工资。你自己也不能只拿固定工资，如果只拿固定工资，就不利于企业对你的考核，也会影响到你的晋升和前途。

比较健全的薪酬结构应该是这样的：

薪酬结构＝基本工资＋绩效工资＋技能工资＋学历工资＋年功工资＋提成工资＋分红＋超产奖＋股票期权＋福利。

是不是公司的每个岗位都要包含这么多项内容？当然不是。但是，如果要想让员工感觉公司充满人文关怀，充满人情味，就要给员工在工资结构上适当的自由度。福利要到位，这一点是毋庸置疑的。女性面对生育，要考虑许多问题，无形中会增加自己、家庭、公司的成本。

有些公司专门建造一间四周全是玻璃的婴儿房，方便他们的家长照看。并且，公司还聘请专门人员看护孩子。婴儿房里面放了许多玩具，可以让孩子玩耍。凡是有孩子的女员工，可以到摆放在婴儿房旁边的办公桌工作。这样,她们就可以在工作之余随时察看孩子的情况。婴儿房附近还有母婴室,方便女员工给孩子哺乳,孩子也可以在里面休息。

类似这样的福利就具有人性化。老板们一定要记住,薪酬结构必须设计合理;要想留住人才,就要增加一些具有人情味的福利。

主要的薪酬结构

薪酬结构主要分为三种。

固定工资 + 绩效工资 + 销售额提成 + 固定提成

比如,营销总监的薪酬为固定工资2000元,绩效工资1000元,以及团队提成的1%、个人提成的6%、利润提成的2%。

为什么有一些岗位的薪酬结构包括销售额提成,又包括利润提成?比如:有一家公司有A、B、C三个门店,其中,A门店规模比较大,B门店规模居中,C门店规模比较小。A门店销量大,利润高;B门店销量适中,利润较高;C门店销量小,没有利润,按照这种情况发展下去,C门店可能会倒闭;新店开业可能会在一段时间内没有利润。在这些情形下,销售型高管的收入就应该设计为销售额提成加利润提成,这样相对科学。

固定工资 + 计件工资 + 销售额提成 + 超产奖

比如,一家手机销售公司给员工销售额提成,目的是鼓励员工多卖贵的手机，少卖便宜的、不赚钱的手机。这样做尽管可能激发员工的积极性，却会导致公司无法实现手机销售种类的多样化。

其实，这家手机公司可以这样做：销售人员的工资为固定工资1800元，计件工资为销售的手机数量乘以10，销售额提成为1%，超产奖为超出基本要求的手机数量乘以5。这种工资结构形式不但可以鼓励员工多卖手机，还会激励员工创造较高的销售额。如果这家公司的工资结构中只有一个销售额提成，就会有很多手机积压在仓库无法销售。

固定工资 + 销售费用 + 销售额提成 + 期权

比如，固定工资5000元，加销售额1.5%的销售费用，加销售额1%的提成，再加期权的10%。这是一种比较健全的薪酬结构。当然，也有比较简单的，如只有销售额提成。

绩效考核一般与60%的利润分红及30%～50%的销售额提成挂钩。营销总经理的工资为：固定工资 + 绩效 + 个人销售额提成 + 子公司销售额提成 + 分红。但是该数值不能同时用于副总和总经理这两个岗位，副总的提成一般不超过该数值的50%，即别人分10%时，副总经理或总经理分5%，别人分2%时，副总经理或总经理分1%。

销售总监、销售经理、销售主管的薪酬结构为：固定工资 + 绩效工资 + 销售额提成 + 特殊名额分红。比如，他们有1%的工资分红，这就是特殊名额分红。

销售公司财务人员的薪酬结构为：工资 + 绩效 + 子公司销售额提成（比如提成标准为0.05%，但没有加班费），有些经常需要晚上加班的岗位不发加班费，可以给0.05%的提成。

如果总公司亏损，部门有没有绩效工资，就看利润指标的权重了。

如果权重比较高，有绩效工资的概率会小一些；如果权重比较低，有绩效工资的概率会大一些。

如果销售部有三个部门，其中两个部门没有利润，一个部门有利润，依旧要各拿各的分红，没有利润就没有利润分红。

销售客服的薪酬结构为：固定工资+绩效工资+"孤儿客户"的提成标准的30%+原销售额提成的30%。比如，某个销售人员离职了，他留下的客户就是"孤儿客户"。这些客户可以直接交给客户部管理，由客户部负责继续维护，在这种情况下，产生的提成比例相对比较低，但是也要给客服人员一定的奖励。

我在前文提到过，所有销售人员必须把负责的客户在客户部备案，如果客户资源都在员工手中，客户部缺乏相关资料，一旦员工离职了，客户部很可能就无法找回这些客户，导致客户流失。所以公司要出台规定，有备案的客户，财务人员才给销售人员做提成，没有备案的客户，销售人员即使做了业绩也没有提成。这就促使销售人员主动对客户进行备案。同时，公司要与员工签一份商业保证书，即备案的客户归公司所有，不归员工个人所有。销售人员离职后，客户归客户部管理。

客户部维护"孤儿客户"产生的业绩提成比例比销售人员的提成比例要少，大约可以定位为原提成比例的30%。一般来说，所有"孤儿客户"都归客户部管理，新开发的客户归营销部管理，但是营销部的客户都要到客户部备案。

行业不同，备案的标准也不同。比如，某些行业的客户就只有固定的几个，如果你全都备案了，别人就无客户可以开发，就赚不到钱了。所以，这种情况下，就要另外签订一项协议书，拿到协议书之后才能备案。

有一种情况需要大家注意，有些销售员备案之后，自己没有能力继续开发，他们会求助别人开发客户。这种情况，按照公司的规定，开发者拿 75% 的提成，备案者拿 25% 的提成。

客户部总监自己开发客户的提成比例是原提成的 30%，这是因为他的主要任务不是开发新客户，而是做客户管理和维护好"孤儿客户"。如果按原有提成比例，给客户部总监提成 100%，他就会直接去开发客户，而不做客户服务工作了。

公司可以出台一项所有人员开发客户的奖励，主要有两种方法：第一种方法是直接成交后移交给公司，我们建议提成比例是销售人员提成比例的 30%；第二种方法是把客户移交给销售人员，则可以获得提成的 25%，销售人员获得提成的 75%。当然，也有些销售人员会支付他们信息费。

这里我们主要介绍了营销型公司的三种薪酬方式。一般来说，业务员的薪酬是销售额加提成，高管人员收入的 30%~50% 可以作为考核（这是我们通过多年的积累得出的经验），研发型的技术团队收入差距则很大。

个人所得税

很多公司招聘时，老板和应聘者谈得非常简单："你来我们公司上班，我们给你 100 万元的年薪。"其实，这句话在日后会产生很多问题。有的老板说："底薪 1 万元，分红 10%。"这句话也是有问题的，比如分红 10% 的标准是什么？是扣除企业所得税之后分，还是在扣除企业所得税之前开始分？或者扣完企业所得税后分，但是否先扣除个人所得税呢？这些没有交代清楚，将来肯定会出问题。

作为长松咨询集团的董事长兼股东，我很少拿分红。我的主要收入是自己的劳动所得，比如版税、讲课报酬、管理职务分红等。

如果我想要年收入达到100万元，公司会明确地告诉我，分红基数会先扣除25%的企业所得税，此外，我还要缴纳个人所得税。

我有很多家公司，但是只能在一家公司领工资，在其他公司是不能领工资的。因为领工资就要交保险，一交保险就会出现两个账户，而一个人只能有一个社保账户。因此，我在其他公司的收入只能按照劳务费用处理，这也是需要大家注意的地方。

从法律角度来说，公司是不管员工的个人所得税的，假如公司给你分了10万元，通常情况下，你应该自己缴纳个人所得税。不过，也可以由公司代扣。如果公司没有代扣，得到分红的人也没有缴纳个人所得税，根据法律规定，这笔税款要从公司的账上划走。所以，公司一定要和公司高管、合作人谈清楚税的问题。

企业一定要尽快拿出书面缴税方案。按照法律规定，个人所得税的起征点是5000元，特别是工资每月超过9000元的员工，对于交税问题就比较敏感，所以企业必须要和员工谈清楚。如果公司没有与员工谈清楚，就是公司的责任了，将来所有相关的法律责任都由公司来承担。所以，公司发工资时，一定要先把账算清楚。

常见岗位的薪酬结构

董事人员的薪酬结构：固定工资＋公司利润分红＋超产奖。

总经理的薪酬结构：固定工资＋公司利润分红＋超产奖。

顾问委员会专家的薪酬结构：固定工资＋绩效工资（这两项是年薪制）＋超产奖。当然，超产奖的指标是不一样的。比如，一个总经理的超产奖和一个生产员工的超产奖指标本身就不一样。

子公司总经理的薪酬结构：底薪＋销售提成＋所辖子公司分红。

总部各部中心的负责人的薪酬结构：固定工资＋考核绩效工资＋奖金。

事业部总经理的薪酬结构：固定工资＋交付项目工资＋项目分红＋超产奖。

生产总监的薪酬结构：固定工资＋岗位订单提成＋管理提成＋公司分红＋超产奖。

辅助高管的薪酬结构：固定工资＋保底分红＋超产奖。

普通员工的薪酬结构：固定工资（底薪）＋提成＋团队奖金＋超产奖。

我们从上面的分析可以推测出：一般情况下，企业家组织里的顾问、专家的薪酬结构依据的是年薪制；董事长、董事、总裁按照的是公司利润制；业绩型总经理的工资结构一般是销售额提成＋利润提成制；制造型总经理的工资结构一般是订单提成＋项目分红；职能高管一般是保底目标下的分红＋超产奖。普通员工业绩型就是提成制，职能型就是固定工资＋绩效制。

此外，有几种特殊的工资，比如工龄工资。工龄工资很容易理解，需要按工龄计算。一般第3年才有工龄工资，比如从第3年开始可以有300元，第4年400元，第5年500元，5年以后按500元计算。

合理的薪酬结构

合理的薪酬结构是这样的：固定工资＋绩效工资＋销售提成＋利润分红＋超产奖。

由于岗位不同，薪酬结构之间是存在差异的。我们可以把固定工资设定为 A1，绩效工资设定为 A2，销售提成设定为 A3，利润提成设定为 A4，超产奖设定为 A5。相应地，我们再加一个 B 级工资，具体来说：技能工资设定为 B1，项目分红设定为 B2，福利设定为 B3，岗位股票设定为 B4，年工工资设定为 B5。

大家可以想想保安的薪酬结构是什么。保安的薪酬结构就等于 A1 固定工资 +A2 绩效工资。然后我们再对照 A、B 两级工资，逐项比对：保安岗位是无须设定 A3、A4、A5 这几项的，也无须设定 B1、B2、B4，B3 是福利，B5 是年工工资，保安岗位可以有。这样，保安的工资结构就清楚了：A1+A2+B3+B5。

我们再来看看销售人员薪酬结构如何设定。和保安的薪酬结构一样，也要一项项对照。A1、A3、A4 可以设定，其他的都可以没有，这三项指标就足够了。

对销售人员的考核总共分为三项：第一项考核是在招聘时的潜质考核，第二项考核是在销售流程和销售技能训练后的能力通关，第三项考核是对业绩实施的结果考核。

比如，人力资源岗位和生产岗位可以每月都考核一次。但是，销售人员不能每月考核。如果一个销售人员在这个月没有成交订单该怎么办？所以，我们要先做好第一项考核，即招聘时就要做一次全面的考核。完成员工招聘以后，公司就要对他们培训，待培训完成后，开始第二项考核，即通关考核。第三项考核才是业绩的考核。这样做的原因在于，销售人员如果没有掌握相应的技能，就无法取得预期的结果。

销售人员的工资结构看似比较简单，如果认真分析，他们的工资结构还是比较复杂的。所以这套三级考核体制是非常重要的，我建议有条件的公司可以引入这套考核机制。

分钱核算的基本理念

企业家应该挣谁的钱

第一个理念：挣项目钱

企业家通过项目获得利润和分红。即使通过项目获得的分红比较少，如果积累起来，也是比较可观的。企业家要做的不是自己挣钱他人分红，而是想办法让他人通过项目挣钱，企业家从这个项目中分红，从而获得财富。

第二个理念：挣红利钱

企业家的利润源于品牌、技术和客户信任的红利。职业经理人与员工挣的是业绩钱，而企业家挣的是红利钱。当企业的品牌价值、信任价值等没有全部形成时，企业家不要把自己挣钱放在首位，而是要让员工先挣到钱。等到企业有了自己的品牌价值、信任价值，客户就会主动购买企业的产品。这时企业家挣的就是红利钱。

以我为例，我挣的就是红利钱，"贾长松"这三个字代表了口碑和价值，因此许多客户会购买我们公司的产品。

一句话，企业家要学会挣红利钱。

第三个理念：挣渡口钱

优秀的企业家会搭建平台。当企业搭建好平台以后，就可以挣渡口钱。渡口钱不用多，如果你挣到10%的渡口钱，就说明你的平台足够大。

这里面所有的钱我只要8%。8%是什么概念？现在在亚马逊平台上做营销要扣除15个点，再减去亚马逊的运营费用，目标就是挣到8%的利润。为了这8%的利润，亚马逊共投入了400亿美元建物流，经过8年的时间，从2015年开始赚钱，这就是挣的渡口钱。

在明确上述三个理念之后，我们来看如何贯彻这三个理念。

企业要采用分红制，企业家的理念和身份就要发生变化——我们要从挣钱者变成投资者。比如，有人手中有一个项目，我和他合作，分成是二八开，即他拿八成，我拿二成。这种情况下具有可期待的利润。你从一个项目挣得再少，但累积起来也会比较可观。因此，第一招是要挣项目分红钱，不是自己挣钱给别人分红。

根据项目的可控和失控的级别，我们可以确定分红的比例。优秀的企业家就是要尽可能地整合资源，而不是参与过多的具体事务。

有赚钱就有亏钱，亏了你需不需要补？需不需要扩大？需不需要上市？你能想到这些，分红的价值就出来了。但是可控型的企业如何分红？即使你的格局再大，但是钱分完了，有一年亏损了，要补钱的时候大家补不补？大家肯定是不会补的。所以企业家要做的不是个人挣钱再向他人分红，而是想办法让他人挣钱，企业家从项目中分红。

企业家的利润源自品牌、技术、信任的红利，所有职业经理人、员工挣的是业绩钱。这句话的意思是这些人都在拼命地进行内部创业，在创业初期，可能你给别人的分红多，你挣到的钱就会减少。但是，这些人是不是都在推广你的品牌？

海尔有26家事业部，美的有22家事业部，小米现在有100多个事业部。他们的品牌不是老板一个人吆喝起来的，而是依靠每一个员工的努力奋斗拼来的。

一个企业家要获得收益，要经历几道关。首先是老板做业务挣钱关，其次走向有限责任公司的"3O制"，然后走向项目分散制、失控制，接着走向品牌红利制，最后走向平台制。需要一步一步来，前提是转变思想。

企业利润如何核算

企业核算的利润并不等同于财务核算出的利润，它往往比财务核算简单，但是其分摊的费用会更多一些。

比如，我花10万元买了1万双鞋，即每一双鞋的成本是10元。现在我用每双20元的价格将它们卖出，总共卖了6000双鞋。正常情况下，我的账上应该有12万元。但是我为了实现这一目标，又花了6万元的成本，这里面包括了提成工资、营销费用等。现在我剩下6万元和4000双鞋子，我的利润是多少？

所以，如果没有一个统一的规则，会比较混乱。

我们来看下面几种情况：

A. 我有6万元现金和4000双鞋子，每双鞋子可以卖20元，卖鞋的8万元加上6万元现金就是14万元，14万元减去10万元的进货成本，我就有4万元的利润。

B. 我有6万元钱，再加4000双鞋子的成本4万元，总共是10万元，再减去10万元的成本，结果为0。

C. 我有6万元现金，再减去10万元的成本，我亏了4万元。

不同的算法，出现了不同的结果。

如果按第一种方法算，有利润。有利润可以分利润，如果没有利润呢？有很多公司存在一个很大的问题：公司有利润，把现金分给员工后，还剩下许多货物。最后没钱了，你总不能给员工分鞋子吧？员工肯定是不要鞋子的。如果你没有把利润算好，把什么东西都当作利润，到最后就会出现很多问题。

比如，公司核算出的利润有1000万元，而这1000万元的利润中包含400万元的货物、200万元的抵债等。公司剩300万元现金，今年给员工分红需要180万元，你自己只剩下了120万元。如果没有剩下钱怎么办？你只能去借钱了。

为什么有一些公司年年都在经营，也在正常开展业务，却年年没有现金剩下呢？一个很大的原因就是利润核算方式有问题。

还有的老板认为，我的公司规模很大，什么都是老板的。但事实上，公司不只是老板的，还有员工的一部分，也有国家的一部分。

我有一个开金店的朋友，起初他有13家金店，现在有11家金店，然而他没有钱。

如果一家金店的资产为 700 万元，11 家金店就是 7700 万元，但是他没有充足的现金。看上去他好像很有钱，但事实上缺现金。

我给大家的建议是，你投入陌生项目的资金永远不要超过你现金的 50%。比如，我这个月挣 100 万元，就存 50 万元，这 50 万元我不只是放在银行里，有可能买基金，也有可能买信托，总之一定是进行有安全保障的投资，并且可以随时取出来。剩余的 50 万元如果确实需要投资，我再去投资。有的人是挣到一些钱就去投资，或者借出去。结果如何？他发现自己没钱了。

我的一个学员的老公一年能赚一亿多元。有一次他们夫妻说到他们一共有 7 张银行卡，算来算去，总共只有 300 万元现金，不知道大部分的钱花在哪儿了。

于是我帮他们算账：他们借给亲戚的钱就有一两千万元，小额贷款有 4500 万元。他们认为，借给亲戚的钱不好意思要。至于当初办理小额贷款所投资的项目已经失败，这笔钱也是无法追回的。再加上新项目的投资，一年投资七八个项目，一年一亿多元，干了好几年，发现手上只剩 300 万元。最后这个学员长叹一声说："家里没有钱了！"我说："你们确实没有钱了。"

算账的三种基本公式

我们在算账的时候，基本上是按照市场价格计算的。公司的资产、原股东的交代账务，我们按成本资产价计；职业经理人的分红，我们按照现金利润计。

财务学有标准的做账方法，人力资源有人力资源的算账办法。总体而言，主要有三种算账方式。

第一种，有限责任公司算账方式。

有限责任公司的算账方式为：

销售额－预收款－应收款＝消费额－制造成本－管理成本－折旧费用－库存成本

大家需要注意商品折旧和库存成本的问题。比如，每双鞋子的进货价是10元，每双的销售价是20元。我们现在能以20元一双的价格卖出一双鞋，6个月以后一双鞋子的价格会是多少？还是20元吗？肯定不是，因为半年之后，价格还是20元的话，鞋子可能会卖不掉。类似鞋子这种商品基本上半年内都要卖掉，卖不掉就会成为库存。很多公司便是因为无法清除库存，导致大量商品积压，从而影响了公司下一步的发展。

如果现在一双鞋子的利润是10元，6个月以后一双鞋子的利润就成了7.5元，减少的2.5元被分摊到成本里了。这就需要你赶快把它们卖掉，也在告诉你不要随便进货。你要算好账，要精细化，要控制好成本。所以，你要把利润核算向下压，原本只由总经理关注利润，现在变成店长也要关注利润。

第二种，集团公司的算账方式。

集团利润＝所有事业部/分/子公司－职业经理人分红－相关税金

第三种，事业部和销售公司的算账方式。

事业部和销售公司分钱时，不能说把事业部的产品卖给销售公司就可以分钱，而是在把产品卖掉的前提下，把钱收回来之后，才能分钱。分的比例是先把制造成本分给事业部，因为制造成本不是利润，剩下的钱四六开，销售公司拿六成，事业部拿四成。

比如，一盒纸巾的制造成本是 2 元，销售价是 10 元，毛利润就是 8 元，8 元的 40% 等于 3.2 元，60% 是 4.8 元。所以销售公司就直接分到 4.8 元，事业部分到 3.2 元 +2 元 = 5.2 元。

事业部利润 = 销售额 – 销售公司提成 – 事业部经营费用 – 税金 – 发展备用金 – 事业部经营费用

结合企业实际情况，做好提成核算

提成方式要结合企业实际情况

大部分企业有 80% 以上的员工不会只拿固定工资，他们的工资形式是基本工资加提成。比如，企业给员工每月发 5000 元的基本工资，这 5000 元钱肯定是有一定工作量要求的。比如，企业会要求员工在第一个月每天接待 3 个客户，当然，有可能他第一天只接待了 1 个客户，第二天接待了 5 个客户，每天接待的客户数量并不相同。面对这样的情况，企业就可以规定：每天超额接待客户，月底会有奖励。一个员工一个月接待了 120 个客户，他就应该享有该奖励。

假如企业的销售额有 1000 万元，这 1000 万元并不能都当作提成总额，因为这 1000 万元里还有一些是客户的定金，所以要根据不同的岗位要求计算提成。有的人按照销售额计算提成，有的人按照代理销售额计算提成等。

遇到促销，该如何计算提成？我的建议是，遇到促销，企业要执行另外的政策。客户在促销活动期间大量购买的主要因素是利益、价格、品牌、广告的吸引，如果只按照一个提成标准，企业就没有办法进行促销活动。

计算提成必须考虑的几个基本问题

第一，考虑员工的级别。

只要涉及员工的提成，一定会涉及员工的级别。不考虑员工级别的提成，是不科学的。不同级别的员工，根据业绩总量的高低，提成比例不一样。

一般来讲，我们把员工级成三个级别：实习级别、普通级别、高级级别。级别没有必要设置太多，三个就足够了。比如，业务员的级别可以是实习业务员、业务员、高级业务员。

第二，考虑管理奖。

凡是有人就要有管理，凡是有管理就要有利益，凡是有利益就会有比较。管理奖与员工的提成是最难做的。

举个例子，我们公司给实习业务员的提成比例是12%，负责他的经理直接拿走6%。经理主要是培训实习业务员，帮助其进阶到比较高级的阶段，或者帮助其达到合格业务员的级别。

第三，考虑考核。

考核的杠杆需不需要呢？我建议大家把提成的基数改变一下，不用销售额作为基数，而用其他提成，比如用毛利提成，还要把提成的标准区分开，如果你能做到A标准，就按A考核制度考核，并且按照A的提成标准给提成；如果你用B标准，就用B提成考核标准。如果在考核结束后，乘以一个详细的系数，得出提成，这样做就复杂了。业务团队要简单、高效地计算出每个人的收入。

三级提成制——计算毛利润销售提成的方法

关于应该给员工多少销售提成，具体的比例估计很多人都不知道。一些有名的公司把这项销售提成叫作公司的制造毛利润。

一罐红牛饮料市场价5元，它的制造成本是2元，毛利润就是3元，其中这2元钱就是制造毛利润。在制造毛利润里面，股东要拿走35%，销售及销售管理、销售服务要拿走35%，管理和运营要拿走15%，技术研发与集成要拿走15%，如果有交付的，技术交付不计算在内。所以，我们使用倒推法基本上能算出营销提成的比例是多少。

举个例子，做烧饼和举办一场咨询培训的毛利润是不一样的。很多老板问我他们公司的销售比例应该是5%、6%，还是7%，我怎么知道呢？即使是同一家公司的不同产品，它们的销售比例也是不一样的。

艾莫瑞大学的杰弗里·桑南菲尔德不仅发明了薪酬营销提成比例的结构，还提出了一个市值结构法，这种方法广泛应用于企业的市值评估。

如果做的是批发生意，进货价就是制造毛利润，也就是股东留35%，销售及管理留35%，管理运营留15%，技术研发留15%。股东留35%再减去日常的税金和管理费用，等于股东的纯利润；销售再减去销售的一些费用和税金、个税，等于销售的提成比例；运营的再减去日常运营和直接办公费用，就等于运营的分红比例；技术的再减去技术研发的研发经费，就等于技术人员的利润提成。这样，就能算出他们所得的比例。

销售里面要减去销售人员的个人费用（含服装费、电话费、饮食费、交通费）。

在我们公司，如果你想获得提成，这些费用都要减去，那么你的提成比例就会变低。这里面减去个人费用、营销费用、个税费用，就等于实际提成。

运营费用 – 日常管理费用（不含租金）= 实际分红
技术研发 – 研发费用 – 相关费用 = 实际分红

在实际应用中我们还要结合公司和行业的实际情况。比如，我们算出来应该给员工 10%，但是有的行业给员工 5% 就够了。

核算就是如何计算销售额提成及项目和事业部利润分红。核算要有明确的文件来保证执行。

举例，如果公司给业务员的提成是 10%，那么公司如何给业务员的直接管理者提成？他的直接管理者要提走 4.5%。

所以，今后大家在计算销售额时，不能只计算业务员的，还需要计算其直接管理者的。当然，如果有总监或者销售公司总经理，其提成比例接近 1.5%，最高可以提到 2%，但不能超过 4.5% 的 50%，也就是不能超过 2.25%。

如果一个业务员 A 有一个客户，但是暂时无法和客户完成交易，于是 A 就请业务员 B 协助成交并完成收款，那么业务员 B 有没有提成？大家认为这个比例应该是多少？我想肯定不是五五分，如果真的是五五分，那么 A 心里会不平衡。

如果该业务最后由 B 成交，这个提成的点数是 2。B 拿走了 2.5%，这个 2.5% 怎么出？肯定不是 10% 里出，而是 10%+4.5%+1.5% 以后按比例减掉，就是我扣走了 2.5%。我拿走这一部分之后，你们整体提成变少。既不是业务员出，也不是经理出，也不是老板出，而是从整体扣除。

如果业务员A离职了，他之前的客户继续在公司买东西，提成算谁的？有人说提成算公司的。我们来分析一下。

如果员工离职其客户算公司的，即总监、总经理、原业务员均没有提成，那么谁有提成？给客服部客服提成怎么样？如果有提成，提成比例为多少？建议可以按原提成比例的25%提，即10%的25%，就是2.5%。提成比例为什么是2.5%？因为客户的开发阶段已经过去了，维护难度降低了。

首先测算一下公司的营销状况。以上这几种提成比例符合菲尔德薪酬法的内部逻辑关系。比如，公司是1%的提成，按照比例整体就算出来了。现在很多公司在这个结构的计算上存在问题。比如，有的经理不培养员工，因为他没有员工的收益，他也就不会培养员工。从营销角度上来讲，提成一般分为三级提成制和四级提成制，但是绝对没有两级提成制。三级提成制即业务员＋经理＋总经理，四级提成制即业务员＋经理＋总监＋总经理，其中，总经理不是指公司总经理，而是指销售部门的总经理。如果你们公司没有销售总经理，那就是三级提成制。

也就是说只要成交一单，基本上要提三级的提成，绝对不只提业务员一级。一家门店在销售时，业务员要有提成，店长要有提成，区域经理也要有提成。

三级与四级的提成比例是不一样的。第一种核算——销售额核算，它是指销售额是否要减去应收款、服务费用、库存费用等影响销售额的费用；第二种核算——利润核算，它是指利润要减去库存成本、折旧成本、服务成本、企业成本、税金成本。除了上述两种核算以外，还有一种核算——股东核算，它是指股票利润核算，除了需要减去利润核算以外，还要减去国家税金和管理人分红。

提成销售额的确定

假如公司的销售额有1000万元，那么这1000万元不能都拿来做提成总额。因为这1000万元里还有一些是客户的定金。正是由于这个原因，所以要根据不同岗位的需要来算提成，比如，有的人按销售额提成，有的人则按代理销售额提成。

我建议用倒推法计算。假如你是卖电视机的，一台电视机的进货成本价是1000元，市场售价1500元，你要给员工提成10%，即员工每销售一台电视机提成150元。如果你总是按10%给员工提成，就会亏本，因为过节的时候一般都会有促销活动，那时会降价销售，比如春节期间卖1100元一台，由于之前规定员工的提成是10%，那么就要给员工提成110元。销售额1100元减去提成110元，就只剩990元了，低于成本价，这样公司就亏了。这时就要规定：提成时要先用销售额减去成本，再按照比例提成。

搞促销的时候还要执行另外的政策。我们假设促销产品的提成只能是销售额的2%，如果销售额是1100元，员工只能提22元，公司赚取利润78元。因为促销的时候客户大量购买产品的主要推动力并不是员工的努力，而是被折扣、价格、品牌、广告吸引。如果只按照一个标准给员工提成，公司就没办法开展活动。对于公司而言，这种高提成低利润或者没利润，就远远不如毛利润高提成划算了。尤其是对股东而言，他们更需要按照纯利润计算提成。

先算好账，再分钱，然后再对分多少钱做考核。分钱最难的是算账，很多人都算不好账。

销售额是指实际收到的所有现金。这里的现金是指银行账上的钱，再加上现金。比如有人说和客户签了100万元的合同，只收回来80万元，还剩20万元没有收回来，这20万元就不能算销售额。

提成销售额等于所有现金减去预收款再减去定金。

加急提成销售额等于所有现金乘以提成系数50%。

代理销售额等于所有现金减去进货价。比如你代理了一种产品，进货价10元，售价20元，给员工的提成算法是销售额20元，减去进货价10元，剩下的10元就是代理销售额，公司可以给员工提成5%。很多老板不想让员工知道进货价，一是觉得这是商业机密，二是为了公司和团队之间的利益的合理分配，不想让员工了解得太清楚。

核算销售额等于所有销售额减去约定成本。比如从生产中心拿货，生产中心给的单价是10元，售价为20元，销售人员可计算提成的部分就是20元减去10元。

毛利润等于销售额减成本（不含所得税）；纯利润等于销售额减成本再减发展备用金（含企业所得税）；约定纯利润等于销售额减成本（不含企业所得税）再减约定费用。

给员工发工资，参考的指标不同，计算的方法是不一样的。

核算销售额毛利润提成就是销售额直接减去成本得出毛利润。纯利润提成是销售额减去成本，减去发展备用金，甚至再减去税费之后再算提成。

子公司纯利润等于销售额减上缴总部销售比例，再减子公司成本，再减发展备用金，是否减税要视各自公司的情况而定。

项目利润有两种：核算利润与实际利润。核算利润是合同实际尾款减预核算成本，再减发展备用金。实际利润等于合同实际尾款减实际发生成本。有的项目一干就是两三年，总不能等到三年以后再给员工发提成吧！所以公司应该先发一部分提成给员工，按核算利润，等到实际利润算出来以后再多退少补。

假如你今年签了一个3000万元的合同，钱已经到账了，但是任务还没有完成，这就需要财务部核算一下今年能挣多少钱。为了鼓励下属经理的工作积极性，可以先算一个大概利润。比如经过核算有大约800万元的利润，而实际上可能有1200万元的利润。因为大家在核算时一般较为保守，实际利润肯定会多点。不同的岗位参照物是不一样的，不同的岗位考核的指标、标准也不一样，核心计算方式也不一样。

单位核算数是指提成按吨、人、次等批次单位计算。有些提成不按销售额计算，而是按一吨多少钱、一车多少钱计算的。比如生产部门员工的提成，做一个盒子多少钱，做一个箱子多少钱，而不是按盒子值多少钱计算的。

超产奖是指销售或生产超过公司冲刺目标而特殊规定的奖励。比如，企业目标规定是200万元，结果有人完成了350万元，那就可以有超产奖。

销售部或者门店店员的提成按销售额提成；事业部的提成是按营销中心的销售额减去其他费用之后计算的；代理提成是销售额减去进货价之后得出的，比如代理别人家的产品卖了1亿元，其中有4000万元是要给厂家的，剩下的再给员工计算提成。

关于提成和利润计算方法，公司要做一份文件，让相关人员签字并按照文件执行。凡是和利益挂钩的文件必须要正规，并且要进行一星期的公示，员工是有权对这些文件提出异议的，但是如果在公示的一星期内没人提意见，就说明大家认可这个文件了。

提成销售额的算账其实只有三种办法：

第一种，直接按销售额或相关数据提成；

第二种，用销售额减去成本，得出毛利润，按毛利润进行提成；

第三种，用销售额减去成本，再减去公司规定的分摊费用，再减去发展费用备用金（必要时扣除企业所得税）进行提成。这种办法比较难执行。

如果使用的计算公式不一样，得出的奖金数字差别也会比较大。我建议大家使用第三章中出现的核算账公式。

虽然这个公式在你的公司使用的时候可能会发生变化，但是我还是建议大家要有一个公式。比如有人说咱俩合作吧，并告诉你："我给你20%的股份，咱俩一起干。"这20%的股份到底怎么算？根据这个公式，你就知道了哪项该增加，哪项不该增加。算账的时候，一定要告诉相关责任人具体的算法，这样才能减少冲突。这就需要相关部门及其负责人不断学习和探索，并且结合企业的实际情况进行管理核算。

事业部的利润核算

事业部的利润具体怎么算？事业部的利润是总部实际销售额（不是合同销售额）减去费用，费用包含以下方面：

事业部人员薪酬及提成；

营销中心分成，营销中心帮事业部销售产品，他们的提成要扣除；

办公租金；

公摊费用，特别是集团公司里员工的费用要分摊；

办公管理费用；

运营费用，例如平常吃饭、打印纸、赠送产品等费用；

约定服务费用；

税金；

其他相关费用。

需要重点解释的是运营费用和约定服务费用。比如，一家生产白酒的公司要将白酒送给客户当样品，一年送出了700坛。这些白酒虽然是样品，但也是钱。这笔钱该如何算账呢？这笔钱是需要按成本价录入的，叫作赠送产品费用，属于运营费用。

约定服务费用是指有的公司有约定的数额，有的公司没有。不管有没有，这部分费用都要算进去。比如，我们公司卖出一个工具包产品，要从销售额里扣除300元，把扣除的钱放到公司的一个账号上，作为约定服务费用。

为什么要有约定服务费用？我还是用长松公司举例。长松公司规定工具包售出后7天无条件退换，有的客户收到货的第二天就要退换。客户把工具包退给我们，我们就要无条件给客户换新的。被退回的工具包只要客户打开了，就不能进入二次销售。尽管我们可以销毁工具包，但是员工的提成很可能已经发下去了，因此我们要从每个工具包的销售额里扣除300元作为约定服务费用，专门用于各种售后问题的处理。

虽然在我们销售产品的过程中，每1万个客户中最多也就4个客户要求退款，但还会出现另一种情况，比如，有客户说："贾老师，我需要你们工具包中的第15至第18张光盘（工具包里共有55张光盘），我把这几张光盘弄丢了，现在您能不能帮忙配一下缺少的这几张光盘？"再如，有客户说需要工具包里的书。虽然这些对于我们来说都是小问题，但也要给客户补齐，由此产生的费用都是从约定服务费里出的。

除了以上费用外，企业经营还会涉及房租、水电费。需要注意的是，即使是在公司盖的楼或是企业老板以个人名义盖的办公楼办公，也是要核算成本的。这个租金不是零，一定是要分摊的。

我的一个学员的公司盖了一栋写字楼，其中一层被某一个事业部用来办公。年底公司给事业部核算利润时，没有把使用该楼层的成本核算进去，导致公司要承担很多税。

销售费用的处理办法

销售费用的处理办法主要包括三种方案。

方案一：分类别销售报账。

地域费用（包含交通、住宿、销售生活费用、餐饮费用等）。这些费用具体应该包含哪些内容，公司要有明确规定。

公关费用一般包含三大类别。

第一，公司与公司的交际费用。

这是必须有发票的。比如今天要售出50坛白酒给买家，对方接收，这叫交际费用，这是有发票的。花这笔钱之前要写申请，要写明这笔费用的预算，再经公司相关人员批准才可以去交际，不能直接说"给我5万元我拿去做交际"。

第二，公司公关费用。

必须有公司规定的交际办法与预算。比如给公司员工送礼品，即使送2022年冬奥会纯金的纪念币两套，总共花费9万元，只要符合公司的相关规定即可。

第三，公司的公关过程费用。

比如请顾客吃一顿饭，这就叫过程费用，公司也必须有明确规定。如果有的项目没有发票怎么办？我认为可以提供其他替代发票，但是如果超过公司规定的标准就必须向上级申请。公司可以出台费用标准，如规定地域费用由公司承担，生活费用由个人承担，公关费用按照特殊规定执行。

方案二：公司明文规定销售费用占比，由个人自行决定使用。

比如，公司规定销售额的 1% 直接返还给个人作为公关费用，公司承担税务部分。如果你的销售额达到 100 万元，其中就有 1 万元是返给你的公关费用。至于你最后花了 3 万元才办妥这件事，超出部分就由你自己承担。

方案三：公司规定总经理的费用支配权。

比如，公司规定销售费用来源是销售额的 1.5%，就相当于每 100 万元的销售额有 1.5 万元可以作为销售费用，如果要请客户吃饭需要用这笔钱，可以向总经理申请，总经理一签字就能入账，但是这项费用要发票报销。当月没有消费的额度不能放到下月。若有超标的部分则要扣总经理的绩效。如果连续三个月超标，就要取消总经理接下来的一个月的审批权。

大部分公司基本上会在这三种方案中做选择，这三种方案也是比较可行的，我们公司这三种方案都有使用。除了以上提到的费用，销售费用里还会涉及一些市场费用，比如举办活动，就需要做出预算，按照报销流程操作就可以了。

特定岗位的薪酬计算方式

财务人员、营销管理人员的薪酬核算

一般情况下，财务人员、营销管理人员都可以用销售额计算提成。

第一，财务人员的提成。

财务人员为什么也要有提成呢？

我给大家举个例子。有一名财务人员，公司跟他谈的工资是每个月4000元。他从上班第一个月就开始抱怨说："老板，你每天晚上让我加班，我要领加班费。"我经常加班，并且经常在节假日接到学员的咨询电话。一些小问题通过电话解决就行了，但是如果遇到大事，可能需要我们到现场处理才行。我们公司的学员一般在周末报名，所以，我们公司就有了一条规定：如果有顾客在周末购买我们的产品，财务人员如果说现在是非上班时间不接待，公司会解聘这个财务人员。因此财务人员加班的情况较为常见。

对于一家销售型的公司而言，成交是一切的中心，连老板都要围绕这个中心转。但是我们也要考虑到财务人员的生活，所以公司就定了一个制度：将销售额的0.05%作为财务人员的提成。如果公司的销售额是100万元，财务人员的提成就是500元。销售额的0.05%是属于财务人员个人的，这样他们周末加班就比较积极。

第二，营销管理人员的提成。

一个岗位的考核要素分别为：薪酬结构、薪酬与考核挂钩、考核指标、换算系数、量化指标。

作为公司老板，你一定要告诉你的高管，"在正式签一份合同之前，我们先要谈一谈具体内容和一些条件"，因为90%的合作失败都是事先没有谈清条件。

首先，谈聘用的时间。他在公司的职务是总经理，考核的时间是××××年××月1日至××××年12月31日，聘任周期是3年，合同每年签订1次。

其次，谈目标。他的主要责任目标是实现公司正常经营战略目标。比如实现利润是6000万元的最低目标，冲刺1亿元；最低实现利润是800万元，冲刺1500万元。另外，建设组织营销财务系统，落实分公司的建设，按照公司的人才培养计划以及市场竞争原则制定人才指标。经营目标是年底的绩效考核指标，考核周期是1年。

他的薪酬结构是工资加绩效、补贴及利润，其中5000元为基本工资，绩效为5000元。第一季度不考核，但是要分红，先保障他有收益。第二季度开始薪酬与绩效工资挂钩。也就是说，第一季度每个月最低收入1万元。从第二季度开始具体能拿多少就得看考核结果了。其中销售额的1%作为活动经费，即每100万元的销售额就有1万元的活动经费，1000万元的销售额就有10万元的活动经费。不管他是请朋友吃饭也好，找客户也好，上限是销售额的1%。这笔钱如果当月没花完不能过后再领。

如果花钱超过销售额的1%，就要从奖金里面扣。比如今年公司的利润是800万元，要先减去80万元作为公司发展备用金。这对公司发展肯定有好处，因为做经营没钱的时候问题就大了。万一业绩不好没钱就可以动用这笔钱，剩余的部分有20%是他个人的，80%是公司的。

公司可能会遇到这种情况：这个月的利润是几百万元，下个月可能没有利润。这是因为公司缺乏必要的发展规划。所以，公司也要把发展规划做成制度，一旦遇到问题，可以及时调整，不至于过度慌张。

一是每个季度做一次考核。季度利润里的12%直接发给个人，这12%是不管他干得好不好都可以拿到的。

比如前两个月没有利润，只能拿工资，那第一季度可以不考核，因为他刚入职，用一个特殊政策保证他上任的第一季度不参加绩效考核。

在第二个季度开始参加考核。你得给他足够的安全感。

二是绩效工资和月度绩效考核挂钩。利润分红的20%，从法律角度是指扣完发展备用金，再扣企业所得税后的利润。

最后，谈指标。可以参考一些指标。比如，销售额要超过6000万元，指标为100分，每少100万元扣2分，扣到一定分数以后就没有提成。还可以参考产品交付率，比如公司要求交付率超过90%。假如有一个客户在你这里办了一张价值1万元的卡，卡上的钱是客户的，不是你的。如果有1万个人在你这里办了价值1万元的卡，就等于你收了1亿元。如果客户不去消费，这些钱仍然是客户的。随着时间的推移，你要交房租、算折旧，慢慢地，这1亿元就等于被你花掉了，你的钱越来越少。突然有一天，一个客户说要你退钱，你就退给他了；1万个客户都要退钱，你马上就破产了。所以办完卡，你一定要想尽办法让客户去消费。只有客户消费了，卡里的钱才能变成销售额，你才能有利润。顾客即使办了价值1亿元的卡，但不消费，你的利润就是负的，因为卡里的钱没有从预收款变成销售额，核算利润的时候，一切预收款都不能算。这时，你的任务就是促进消费，尽量使产品交付率超过90%。

要求承担的责任、领导力、指挥、决策标准都已经定好了，之后要谈考核与奖金的对应系数表，接下来就是明确公物不能私用，不能不按标准用人，不收回扣，不行贿，不泄露机密，不公款私用，不虚报假账，不旷工，不发布虚假消息，不利用信息获得私人利益，不销毁证据，不做假预算，假收据处罚，违法处罚。只要他触及这些方面，你就有权对他进行停职、降职、降薪、换岗、调离或者是解约。

如果遇到喜欢讨价还价的人，要和他解释清楚。我们定的目标不能和现实差距太大，一定要针对公司的实际情况进行修改。比如前文介绍的先扣销售额的 10% 留做企业备用金，国有企业可以这样做，在一般的民营企业，员工可能还会有些讨价还价的空间。

月考核指标与年度考核指标的区别在于，年度考核指标签完以后要分解到各个季度，最后变成具体考核表的时候也要进行细化分解。

不同项目的考核周期长度略有不同。工程类项目以一个工程项目的开始与结束为周期考核；营销类岗位的考核周期越短越好；研发型及大客户企业的高管以年度考核为周期；职务越高，考核周期越长；新项目新职务人员可以有安全保障期，比如公司前期先给多少钱的工资作为保障。考核的指标，前期一个岗位先以 2~7 个指标为准，与职务挂钩，与战略目标挂钩。

企业要制造一种氛围，让所有员工为自己的梦想奋斗。每个人都忠诚于自己的梦想。一家伟大的企业要让员工在企业里实现他们自己的梦想。很多老板都想要忠诚的人，这就要把企业的大梦想分解为小梦想，把小梦想分解到每个人头上，他们才会为了实现自己的梦想拼命努力。

第三，营销子公司人员如何核算。

营销子公司是直接进行销售的单位，是企业利润的主要来源。营销团队对企业业绩的好坏起了至关重要的作用，同时团队领导人的能力大小影响着团队的能力和业绩，所以，针对销售子公司全员的激励至关重要。

营销团队一般采用三种薪酬结构。

第一种，固定工资 + 绩效工资 + 销售额提成 + 利润提成。

如：营销总监固定工资 7000 元 + 绩效工资 1000 元 + 团队销售额提成 1%+ 个人销售额提成 6%+ 利润提成 2%。

第二种，固定工资 + 计件工资（合同单或其他数量单位）+ 销售额提成+超产奖。

如：营销人员固定工资 4000 元+新客户合同 1000 元/个+销售额 3% 提成+超产奖 1.5%（超出冲刺目标后增加的提成比例）。

第三种，固定工资（量本利平衡）+销售费用+销售额提成+期权分红。

如：子公司总经理固定工资 10000 元+销售额 1.5% 的费用+销售额提成 1%+期权分红 10%（第 0~2 年只分红，第 2~5 年分红+期权，第 5 年后注册股东）。

表 4-1 反映了营销团队的薪酬结构。大家千万不要小看这个表格，包括联想集团、大唐电信、平安保险、新华保险在内的大型企业都应用了这个表格。

假如实习业务员、业务员、高级业务员、代理经理、经理、客户部经理 6 个不同职位的人，每个人销售 1 万元的产品，但是由于职位不同，所得的提成比例是不一样的。实习业务员的提成是 12%，即 1200 元；业务员的提成是 14%，即 1400 元；经理的提成是 18%，即 1800 元。如果你是实习业务员，即使给公司创造了 1 万元的销售业绩，自己也只能拿 1200 元；你想多挣钱就必须努力升职，想升职就必须有数据证明自己的能力。表 4-1 就是告诉大家，职位级别不一样，收入提成也不一样。

有些基层员工说："经理的级别高，提成也高。我们把自己服务的客户、获得的销售额都算到经理头上，然后让经理再分给我们吧。"这种情况确实存在。我们要告诉各位经理，首先你要看员工的客户有没有在公司备案；如果备案的客户都给了经理，就意味着基层员工无法顺利升职，因为公司是按照业绩积分来决定员工是否能升职的。

表 4-1 营销团队的薪酬结构　　　　　　　　　　单位：元

岗位	固定工资	绩效	个人提成	团体提成	组织提成	分红
总经理	10000	2000	18%	—	2%	10%
副总	9000	1500	18%	—	1%	5%
总监	7000	1000	18%	1%	—	3%×2
经理	4000	1000	18%	4%	—	1%×3
业务	4000	400	14%	—	—	—
实习	4000	300	12%	—	—	—
财务	4000	1200	—	—	0.05%	—
客服	3500	1000	"孤儿客户"30%	—	—	另行约定
营运	3000	1000	—	—	—	1%

所以大家一定要记住：员工的客户是员工的，经理的客户是经理的。一旦经理抢了员工的客户，员工就没机会升职了，员工可以投诉。另外，经理还承担着完成总目标的任务。如果经理总是自己一个人做业务，不依靠团队的力量，那是完不成总目标的。所以，公司对经理的考核是三位一体的，而不是只看业务这一项。

经理完不成团队目标就会被降职；员工的积分不够，就不能升职。公司里的升职、降职都非常严谨，完全是数字化管理。经理如果把优秀业务员全部赶走，就无法实现团队目标。团队目标实现不了，经理的职位也就岌岌可危了。

经理除了有固定薪酬、个人提成收入外，还可以再加一项收入——其管辖的所有员工业绩 4% 的提成。也就是说，从每个基层员工创造的业绩里，要抽走一部分给经理。如果是总监，也要从其管辖的人员身上抽走一些提成。

工作中还会遇到一些大客户销售、项目型销售等类型销售，这些项目复杂，周期比较长，还会产生诸如出差食宿费、公关费等费用。针对这种情况，我们计算整个营销过程的毛利率，提成以毛利率为基础。

需要注意的是，这个方法并不适合所有企业。但我们可以肯定的是，大部分企业都可以用到这个激励方法，因为我们不但给销售人员利益，而是要给公司的所有员工都分到利润。给业务员激励是为了促进销售，给经理激励是为了促进团队管理，给总监激励是为了促进人才培养，给财务人员激励是为了帮助其实现财务管理目标。

研发型企业技术团队的薪酬核算

很多企业已经建立了自己的研发战略团队，如果现在你的企业仍然没有研发战略团队，那是很危险的。

企业要想在市场占据主导地位，必须增强自己的科技研发能力，研发、生产具有科技含量的产品。一个行业排在前几名的企业大多都具有极强的研发能力。

一般来说，现在的企业都很重视研发。但研发人员的工资到底该怎么发，包含哪些项目，很多人可能并不清楚。只有把这些搞清楚了，企业老板跟研发人员谈薪酬的时，才会有理有据，才会实现双赢。

第一，工资。

我们可以依据胜任力、资质、级别等因素来判定工资的高低，即岗位价值工资制。

比如，一个医科大学的博士来你的公司应聘，你只给他 2500 元的基本工资，这肯定是不合理的，一定要以资质、级别、胜任力等指标作为依据。受学历、知识储备等因素的影响，一般技术团队的基本工资要比其他岗位的基本工资高。

第二，项目研发环节提成。

项目研发环节提成，即按照实现研发进度而获取的提成。这个费用属于成本，是研发经费的一部分，大约占总收入的25%。比如，研发部研发一款新型计算机，研发到某个阶段的时候，因为成品尚未研发出来就不给研发人员提成是不合适的。一些大型研究项目，研发周期长，可能很长时间都还没有成果，如果一直不给研发人员发放研发经费，也会影响他们研发的动力。

企业要在科技研发方面投入资金，在一个研发阶段结束后，给予研发人员阶段性的奖励，这样他们才能有持续研发和创新的动力。

第三，项目专利环节提成。

专利是公司的，研发的产品也是公司的，因为都是公司投资的。当获得了专利权，研发人员的奖励提成计算方法为：研发经费＋公司利润研发经费投入所得。这项提成约占研发人员总收入的25%。

第四，项目效益提成。

项目效益提成是项目经市场检验后产生经济效益，从而获得的奖励提成。此提成源于项目利润，约占相关员工工资的50%。

第五，项目持续分红。

前4项占总提成收入的50%，这是一个大概的比例。如果技术人员一年挣100万元，这100万元包括环节提成、专利利润提成、分红提成，其中分红提成大约占总收入的50%。

项目研发总监的工资怎么发

无论你身处哪个行业，假如你想要引进1个项目研发总监，应该如何给他发放工资？

第一，岗位工资。岗位工资具体定多少，需要做市场考核，同时也要结合所处行业的实际情况。

第二，进度工资（环节工资）。比如，公司把研发分为4个环节，也就是研发项目要经过公司的4次验收，每个环节奖励该岗位人员3万元。为什么每个环节都要发放进度工资？因为可能下个环节就不是这个人研发了，如果不发进度工资，这个研发人员的利益就会受到损害。

第三，专利工资。专利注册成功后，公司要奖励研发团队5000～20000元。

第四，项目效益工资。项目推向市场后产生效益，比如可以拿10%的项目核算利润分红（扣除税金和发展备用金）。正常情况下，环节研发应该是2%，项目负责人大约是7%。

第五，项目持续收益工资。比如，研发项目的负责人可以拿管理分红2%。

整合专家型研发中与专家的利益关系

如果是整合专家型研发，有4种组织方式。

一是"苹果式"整合。创造一个平台，每个人都有独立的研发经费，进行销售额利益分配共享。别人研发了新产品之后也可以到我的平台上销售，卖完之后按照比例分成，这是"苹果式"整合。

二是资源布置整合。由老板负责做投资平台，专家携带产品作为公司项目，分成的基本原则为均等分配。也就是我有钱，你有项目，你把项目专利给我使用，如果能赚到100万元，你拿走50%，我留下50%。

三是专项式整合。这种整合形式就是由老板投资，项目人以技术或项目入股。老板可以出让最高 20% 的股份或分红。

四是研发式整合。由公司提供平台和研发资金,由有胜任能力的技术人才进行研发,研究成果的专利属于公司,技术人才可以分到 15% 的利益分红。

其实,很多公司不知道如何进行整合研发。现在很多公司都属于"苹果式"整合模式。比如,绿化、游乐园完全可以进行招标,产生利润之后再分钱。它的最大的特征是自己有平台,没有平台就没有吸引力。通常,平台拿 30% 的利润,研发者拿 70% 的利润。

一般来说,公司出现问题都是因为利益分配、股权激励、机制约束、商业保密等内容没有谈好。

专家与公司合作本身就是在做生意。与专家合作一次之后,即使公司不再和他合作了,他还是可以养活自己。我们在跟他签专业保密书、股权激励之前,自己先要有一套完整体系。

专家之所以敢私下接单,是因为你的平台还不够强大,还不能威慑他。等你的平台强大了,他私下接单的可能性就小了。威慑专家的最好办法就是整合更多的专家。如果你有 1 万个专家,形成了一个强大的专家团队,哪个专家还私下接单呢?但是如果你的平台只有一个专家,这个专家即使私下接单,你也不能解雇他,因为你暂时离不开他。

假如你做服装生意,总共才有 3 个服装设计师,他们肯定认为自己很厉害,但是如果你跟 500 个设计师合作,设计师们会以与你合作为荣。

企业判断自己是否满足对方的位置需求

有个学员告诉我,一个国际化专家团队看中了他公司的发展前景,主动提出要与他合作，但在利益分配方面存在一些问题，尤其是设计研发和市场利益分配方面。

我问他："你是想要把他们作为公司股东，还是只是想聘用他们？"他问我二者之间的利害关系。我答道："具体选择哪一种合作方式，首先要看你的公司战略。另外，还要看他们想不想变成你的股东。"他说，对方想变成公司的利益相关者，而他只想让对方为公司服务。我说："那你后面肯定会出问题，因为你们对双方的认知存在差异，你是想让他们变成为你的公司服务的，而他们想变成公司的利益相关者。你们将来的矛盾根源肯定会在这儿，因为双方的合作基础错位了。"

在合作中，企业判断自己是否满足对方的位置和需求，有几个重要指标：

一是该职员是否为顾客期待的职员；

二是培养该职员的成本；

三是该职员提供的资料证明及过去案例证明；

四是该职员的历史就业背景；

五是该项目在我公司的位置及规划。

符合其中 4 个指标，这个人就可以成为公司股东；符合 3 个指标以上，这个人可以成为利益相关者。

我们先来看看成为股东的条件：有专利性项目，最高拿到 20% 的注册股权，否则可以按期权制，就是在公司超过 5 年就变成股东了。利益相关者是指成为项目的利益期权者，享有该项目的利益分红。分红比例专家型最高为 50%，管理型和研发型最高为 15%。

如果我是这个学员，我首先会看第 5 个指标，也就是先看他们能不能承接我们公司规划的项目。有的团队只是手中有一个项目，就想跟你合作："老板你有资金，也有平台，这个项目你帮我们做吧，我们可以一起分成。"如果遇到这样的项目一定要小心，因为这个项目有可能不在公司的规划之内。

如果对方非要和你合作，你们可以再成立一家公司，千万不能因为他有一个项目要和你合作，你就答应对方，最后你可能会发现公司全乱套了。所以要合作，首先看他有没有适合你的规划的优势项目。如果没有，就要问清楚对方和哪些企业合作、研发过哪些项目、具体研发过哪些产品、证明人是谁等细节。如果他说自己刚毕业，这个项目只是一个想法，那你就更要审视你们之间的合作了。如果他做过研发，你要问他有多少个专利，能否提供研发证明。如果他说过去没有研发的经历，你还敢跟他合作吗？

此外你还要考虑，他的项目需要多少经费，以及看他的项目是否能研发出来。如果发现他的项目无法研发，就要看他本人是否符合公司的岗位要求。

如果上述 5 条他全部符合，就可以直接考虑给他注册股份。也就是说，你和他谈合作，不能仅凭自己的想法决定是给他 A 方案，还是 B 方案、C 方案，而是取决于这个人对公司的重要程度。

我和合作伙伴的谈话从来不超过 15 分钟。我们长沙公司的董事长是陈载丰，总经理是郭陆平，最大的股东是我。我给了董事长 49% 的股份，我个人占 51% 的股份。郭陆平做总经理没有股份，只有 30% 的分红。也就是说，他如果挣了 100 万元，我们就给他分 30 万元，剩下的 70 万元我和陈载丰按照股份比例分。

后来，郭陆平担任南昌公司的董事长，他在长沙公司的分红按照公司政策过几个月就没了。我和陈载丰重新注册公司，我对他说："你继续占49%的股份，我仍然占51%的股份，你担任董事长兼总经理。"他说，如果再来一个总经理该怎么处理。他认为新来的总经理可以拿30%的分红，不给股份。我告诉他，如果经理拿到30%的分红，还剩70%的分红，用它乘以董事长49%的股份，等于34.3%。董事长拿到这个分红比例仍有不足。我再给他涨6%的分红，即董事长拿40%的分红，总经理拿30%的分红，我拿30%的分红。他一听兴奋不已，说："贾老师，没有见过你这样谈判的，沟通成本如此之低。"

　　我们公司规定，不管管理人员分得多少，第0~2年为分红，离职时没有任何补偿。比如一个药店准备给店长2%的股份，规定店长在两年内有分红，离职的时候没有补偿。第2~5年为期权股份，离职时按注册资本补偿。比如注册资本100万元，2%就是2万元。但也很有可能注册资本100万元，企业逐渐做成实际资本900万元了。这个阶段离职也是按注册资本计算的。5年以上为注册股份，方案有两种：一是离职时从原股份中回购，这是强制性的，回购的比例按实际价格；一是股东离职了也有权保留自己的股份。

　　这两种方案都是工资另算，股东参与管理岗位的要拿管理岗位工资。有的老板从来没拿过工资，这是不合理的。在公司工作5年以上的总经理走了，公司可以把一些股份回购过来，给他补钱。

　　比如我占51%的股份，董事长占49%的股份，如果新上任一个总经理，分红方式就变成了30%、40%、30%，这种分红方式两年之内是不体现在公司章程上的。有一种是跟有股份的董事长签合同，合同上说明，你离职以后，股份按注册资本回购。

写清合同非常重要。公司的股东决策、经济纠纷、利益分配、增加股东等任何重大决策均可以按合同执行。开公司之前要先签合同。

有人问按实际价格回购股份，实际价格不需要评估吗？其实，实际价格基本上在处理的时候按双方谈好的价格执行的。比如1000万元的资产，基本上按实际价格800万元或者700万元来计算，因为还要考虑折旧等因素。

交付型技术人员的薪酬核算

什么叫交付型技术人员？假如你是空调维修工，那你就是交付型技术人员。交付型人员的薪酬结构是：

底薪＋技能薪酬＋交付项目提成＋高级别项目提成。

比如，高级技术员每月基本工资3000元（本月必须维修5个单位以上）。技能工资是通过公司高级技术认证后才可以有的，只有高级技术员才有。如果是工资加技能工资5000元，这5000元要怎么才能拿到？每个月至少要维修5个单位；技能工资是要通过考试后才可以拿到交易项目提成；维修5个单位以上部分按5‰的提成计算；再加高级别项目提成，如果是特级员工，拿项目0.5%的提成，并且只有业绩前5名的人才能享受这种提成资格。

采购经理的薪酬核算

采购经理的工资结构如下：

固定工资＋绩效工资＋岗位提成＋超采分红。

采购经理的种类有很多，有产品采购经理、原料采购经理、代理产品货物采购经理、办公室文具采购经理等。我们公司在前几年将采购经理的固定工资定位在2800元，绩效工资分为5个等级：4200元、3800元、3400元、3000元、2800元。晋级的标准为每6个月绩效考核平均得分超过90分，且采购次品批次在6次以下，管理满意度超过85%。

岗位提成计算方式为零次品批次、零违约及时性批次下，享有所生产产品事业部0.5%的利润分红，即公司经营状况越好，采购经理收入越高；一旦公司经营状况不佳，采购经理只拿固定工资和绩效工资，没有岗位提成。公司经营达到冲刺目标以上时，采购经理享有公司0.5%的利润分红；公司经营未达到冲刺目标的80%时，采购经理则不享有利润分红；公司经营处于冲刺目标的80%到冲刺目标之间时，采购经理享有0.4%的利润分红。

采购经理的管理满意度评价，即所有用他采购东西的人每个月都给他做评价，100个人中有15个人不满意，他就不能从3000元涨到3400元。如何投票呢？最简单的办法是在生产部开例会时，请大家举手投票。管理满意度达到85%，同时绩效工资连续6个月平均得分都超过90分，采购经理才能涨工资。

采购人员的绩效考核方案需要与两项指标挂钩：绩效工资、40%的岗位提成。考核得分要换算成绩效奖金系数。采购人员绩效考核指标可以参考表4-2。

表4-2 采购人员绩效考核指标

指标	权重	定义	计算标准	得分
采购交付及时性	40%	库存率不超过25%，且生产原材料从不断货；从订单公告到采购入库，符合产品采购单，不超过48小时	超过48小时0次，40分；1次，30分；2次，20分；3次，10分；3次以上，0分；6次以上，取消岗位提成资格	

(续表)

指标	权重	定义	计算标准	得分
供应商资料库建设	20%	每月上交原材料供应商5家详细资料库,并书写报告,要求健全、按公司标准(一般上交财务)	上交并按标准填写、真实准确,20分;上交,但准确性有缺失,15分;上交,但数据不够,10分;未上交,5分;未做,0分	
行情报告	10%	调查价格浮动周期的各区域市场价格行情,如鸡蛋价格一周一调查、贝壳粉价格一月3次、服装面料价格15天调查1次	每月写出行情报告,并提出采购价格标底浮动政策建议,10分;只做一项,5分;均未做,0分	
采购人员培养	20%	每季度举办2次采购训练营,参加人员为采购人员、后勤人员、行政人员,并保证2名以上通关	举办并通关,20分;完成一项10分;均未完成,0分	
采购材料培养	10%	向所有使用原材料人员进行原材料性能培训,并搜集签字书	完成,10分;未完成,0分	

采购交付及时性权重40%,供应商资料库建设权重20%,行情报告权重10%,采购人员培养权重20%,采购材料培训权重10%。

采购交付及时性,有两种考核办法。

第一,库存率不超过25%,并且生产原材料从不断货。采购原材料的相关事宜由采购部经理决定。不管你什么时候采购,我要用东西时必须有,缺一次记一次。如果一年中缺了6次原材料,采购部经理的提成奖就没有了。

第二,订单式。从订单、公告到采购入库,符合产品采购单不超过48小时。超过48小时0次,得40分;超过48小时1次,得30分;超过48小时2次,得20分;超过48小时3次,得10分;超过48小时3

次以上，得0分；超过48小时6次以上，取消岗位提成资格。

生产过程中，由于一些特定情况，插单的问题就需要及时解决，解决时可以参考以下三点：

时间紧迫性；同等紧迫者，按合同订金；同等订金，按利润大小。

如果公司的生产能力有限，只能按照上面这三点内容解决。

工程类公司岗位的薪酬核算

工程类公司和其他类公司的工资流程有区别，它有几个特征：

周期较长；不能立即核算；一般尾款周期较长；有终止合同的可能；一项工程不是单独岗位能完成的，而是由一个团队完成的；服务与质保可能会更长时间。

这类岗位可能会遇到一个月核算一次工资，但当时还没签合同，可能还在招标，所以工程类公司岗位的工资与其他类型公司的岗位工资构成有很大区别。

通常情况下，工程类公司岗位工资也要遵循一定的流程。

第一，量化流程。按照流程，只要遇到一个工程团队，就可以严格执行。

具体包括：为流程设定实现的岗位，对岗位进行价值评估，测算工程的提成与分配比例，测算工程的周期与利润核算，规定薪酬的发放办法，设定绩效考核的办法。

第二，熟悉流程。

第三，谁来做？

第四，确定岗位价值。

第五，怎样给提成？利润怎样核算？什么时候发提成？干得好不好？

老板千万不要随便说"30%的利润给你了，你就去干吧"，如果过一段时间他问你什么时候发 30% 的利润提成，你该如何计算、如何发放呢？就会出现很多问题。

一个周期量化流程有几个不能忽视的要点。

第一，工程的营销、施工、质保全部流程化。

量化流程，必须了解过程如何做。比如招标性工程的量化流程，就是策划产品方案、提炼销售价格、策划销售方案、收集客户资料、筛选有效客户、分析客户的组织机构、理出个性化方案、写标书、竞标并中标、签合同并回款、交付产品、接受培训、制造及产业化。

第二，设定岗位的要点是一般一个岗位最多有 6~7 个岗位执行者，允许兼职。

经过考察，我们发现需要必须保留的岗位有：信息员、技术策划、社会公关员、成交招标手、售后支持人员、服务人员。

例如，如果你是做医疗器械生意的，最应该关注的岗位是销售岗位，因为写方案、策划、打电话、收集资料、做服务的员工一般都是拿固定工资。如果只有一个人拿到高额奖金，这个团队就比较缺乏动力。收集资料的、做策划的、做招标的、做服务的员工都有自己的价值，公司应该把一部分利润分给他们，让他们变成一个具有凝聚力的团队。然而大部分公司只重视销售人员，忽视了为支持销售人员的工作而默默工作的员工。

信息员负责收集客户信息，技术策划员主要是写标书和方案，公关员策划公关营销活动，招标手主要负责招标成交，售后支持人员主要负责产品售后服务，服务人员为所有客户服务，销售人员只是团队的普通一员。

第三，岗位价值评估依据"点因素"法。点因素法是目前先进国家较为普遍采用的一种考绩方法。在点因素法中，因素为考核内容，点为各项考核内容的计算分数，是从每个员工的工作岗位情况（工作评定）和表现情况（表现评定）两个方面来进行考核的。工资和提成比例先按核算利润计算，最终按实际利润计算。考核周期按合同规定的工程周期。薪酬发放办法是先发核算提成，再发实际提成。绩效考核是按关键业绩指标（KPI）考核制进行的。

工资如何发？有一个重要的词"岗位价值评估"，这时会有相对测评数据。

如果一家公司的董事长得分为1046，总经理的相对数据大约是960，营销总监的相对数据在910~830之间，生产总监的相对数据在830~760之间，财务总监的相对数据是670，采购经理的相对数据是610，行政经理的相对数据是570，车间主任的相对数据是470，业务员的相对数据是470~340，出纳的相对数据是280，会计的相对数据是320，保安的相对数据是108，清洁工的相对数据是100……岗位价值评估数据的误差很小。但因为行业不同，能力不同，价值也就不同。发工资的时候，给保安发1000元，那么董事长的工资是1万元。如果董事长工资只发5000元，有两种可能，第一是董事长的福利好，第二是董事长的奖金分红比较高。

什么叫岗位价值评估？就是给你的收益价值有多重要，比如你是1，我是2，我就是你重要价值的两倍。如果你是75，我是199，我和你的收益比例就是199：75。公司如果没有这项评估，薪酬就是不科学的。

会薪酬管理的人，会掌握岗位价值。如果想给一个人发奖金，要先算一个总数，看他所占的比例应该是多少。一般不可替代、难培养的岗位按总监级打分，可替代、易替代的岗位按员工级打分，中间的按经理级打分。

比如，成交手看似是一个员工，但是级别相当于总监级。这类员工如何升职？服务者升到信息员，信息员升到策划员，策划员升到公关员，公关员升到成交手。

升职，关键考查以下几方面能力：

环节胜任（差售率不超过3次）；学习通关（申请升职时必须要有通关证）；申请升职时必须要有合格人才替代本职务；竞争的突出业绩，业绩最好的人优先升职。

现在销售产品需要有一个团队支撑，需要合作，而不是仅仅依靠单打独斗。

合理的薪酬分配能够有效提高员工的积极性，能够提高整个公司的业绩。对于一家企业来说，用心做好薪酬设计是工作的重中之重。

第五章

分红是分钱的关键

在分红过程中，我们要注意两个细节。

第一，分红是为了激发核心人员的核心潜力，不能搞形式主义。

第二，大企业会分成无数个小企业，小企业里面的分红大概涉及6~7个人。

例如一家企业的分红33%分给6~7个人，按照价值量比例分配即可。价值量乘以一定的系数，即杠杆系数，得到的结果就是加权系数。没有杠杆系数怎么办？就用每一个价值量的系数再乘以0.3，算出一个级别。工资级别越高，分红比例就越高。

分红能不能只用价值量呢？基本上不行，这会导致分红的比例过小。一个企业分红最多的是董事长，因为他不但系数较高，还有加权系数。

每家企业的情况不同，分红的比例也不同。一般来讲，总经理的分红为10%；副总直接减半，即分到5%；总监级分到3%；工程师管理者等技术型的人员又减少一些，分到2%；职能管理人员则分到0.5%。

有限责任公司如何分红

有限责任公司的分红方案

商业模式不同，分红比例也有所不同。一家有限责任公司的第一次分红，在正常情况下大概是利润的18%，但由于商业模式不同会有调整，比如，律师事务所可能分到利润的70%。

我们在图5-1中看到，总经理下设制造中心、营销中心、行政中心；制造中心下设一些部门，比如一车间、二车间、采购部；营销中心下设销售一部、销售二部、外贸销售部；行政中心下设审计部、行政部、财务部。

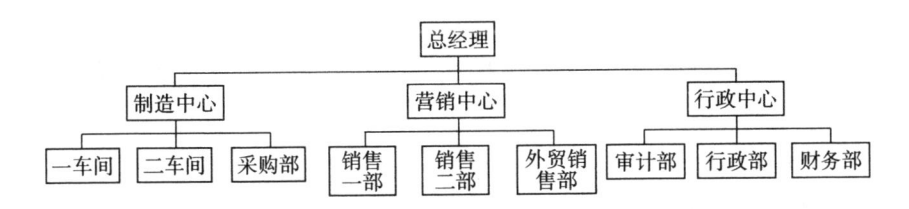

图5-1 组织机构图

第一次分红的时候，我建议大家先用图 5-1 中给出的机构分配。

有一家企业是这样分红的：首先是总经理分 7%；其次是制造中心分 5%，营销中心分 3%，行政中心分 2%；最后是车间分 1.5%，采购部分 1%，销售部分 1%，外贸销售部分 1%，财务部分 2%。我们算出总数是 23.5%。

针对这个分红方案，我们有几方面需要说明：

第一，保底目标以下的，所有分红减半，只按 50% 执行。比如总经理的分红减半，就只能分 3.5%。

第二，分红以季度为分配，其中当季度分 50%，年底分 50%，并且加上绩效考核。

第三，绩效考核的标准是平衡目标。

第四，分红比例翻倍就是冲刺部分。之前我们算出总数是 23.5%，翻倍就是 47%，即冲刺部分的是 47%。

需要强调一点，我只是向大家举例说明分红可以按照上述结构分配，至于分红的具体比例，由于每一家企业的利润总和不同，需要企业自行测算。

有限责任公司需要优化组织机构

有限责任公司只是一个过渡状态，它一定会过渡到失控型和可控型混合的组织机构。

失控型和可控型混合的组织机构，是允许子公司进行独立核算的。公司对子公司进行充分授权，让子公司具有战略范围内的经营权，这样公司会实现业绩倍增。

比如，股东大会下设董事会、监事会，或者有研究院、投资公司；董事会下设总裁、CEO；总裁下设财务中心、审计中心、考核中心、研发中心；有的公司可能会把研究院提到更高的层级上；CEO下设事业部管理中心、子公司管理中心、参股公司管理中心、招商中心、行政中心、网络中心、客服中心。和图5-1不同，我们在图5-2中发现公司的组织机构发生了很大的变化，最大的变化是以前只核算一个利润，现在需要核算多个利润。当公司能够核算多个利润时，业务量就是在增加的。

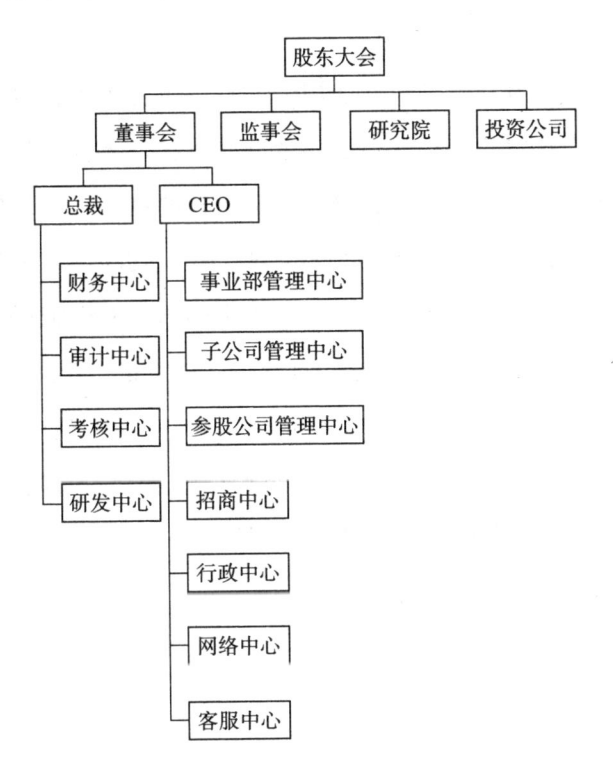

图 5-2 失控型和可控型混合的组织机构图

为什么有些公司的总销售额低？原因之一是公司的组织架构限制了业绩的提升。因此，公司要想提升业绩，先要对组织架构进行适当的调整和优化。图 5-1 和图 5-2 就体现了公司组织架构的调整和优化。

长松公司就有很多事业部，比如音像制品事业部、图书事业部、光盘事业部、软件事业部。公司旗下的品牌一旦形成架构，事业部的核算单位一旦变多，公司的业务总量就增加了。

有限责任公司不能忽视授权

公司要想从有限公司发展为集团公司，不能忽视职能授权。比如，关键人才的考核归考核中心管理；总品牌的维护归董事会管理；企业的审计归董事会旗下的审计中心管理；固定资产的整合、房产以及经营场所的整合归参股公司管理，谁参股谁来投；人力资源的供应归控股公司、参股公司以及合作公司的负责人管理；企业的知识体系训练归集团行政中心的培训学院管理；项目市场投资归股东会旗下的专业投资基金管理；新产品研发战略归各独立核算事业部的研发中心管理；营销归具有独立营销能力的事业部或专业的销售公司管理；风险问题处理归各子公司管理。在职能授权明确的基础上，公司各部门的积极性会进一步调动起来，为了公司和部门的目标不断努力。

事业部制如何分红

事业部中的主要人员包括事业部管理团队和专家级的合作人员。事业部管理团队一般要分到事业部 15% 的分红，专家级的合作人员要分到 15%~60%。所以，事业部要累计分到 30%~75%，剩下的才是集团的。

专家的分红主要分为几类：公司内部培养的人才大概分到 15%，公司投资企业培养的人才分到 35%，国内合作顶级的专家大概可以分到 50%，国际顶级的专家可以分到 65%。换句话说，合作对象不同，分红比例也不同。

大家现在觉得好像很多事情都要依靠股权合作才能完成，那是因为没有使用分红制，用分红制就是能比较轻松地解决很多问题。

比如，我答应给一个人每年分红 20%，再给他 20% 的股票，但是他干了一年之后，我对他不满意，怎么办？如果让他辞职，那么股票怎么处理？为了避免此类问题的发生，公司可以先采用分红制。如果这个人有能力，可以胜任当前的工作，我们再和他谈股权激励。

有些事业部的负责人会问，事业部能否独立核算，能否自行发展壮大？事业部完全可以自由发挥。公司可以设立很多这样的事业部，只要是从有限责任公司过渡到事业部，这家公司的业绩就可以放量了。

有人问，我的企业以销售西装为主，能否发展腰带销售业务？这就涉及了主业经济和边际经济。所谓主业经济，就是给顾客留下第一印象，并且在行业内具有绝对竞争力的经济。顾客在选择完主业经济以后，还有其他产品需求，同时公司的营销费用极低，这就产生了边际经济。

有时候边际经济比主业经济还赚钱，大家熟知的云南白药牙膏比云南白药还赚钱。尽管我们有时看不见边际经济，但是它的销售额却非常高，是不能忽视的。

我的一位朋友经营一家箱包公司。我告诉他，一定要增加一项销售腰带的业务，他表示不理解。我告诉他，做箱包做到最后不一定会赚钱，但是很多人买包的时候，可能会买一条精美的腰带。他采纳了我的建议，在卖箱包的同时卖腰带。结果，仅仅依靠销售腰带，他一年就赚了几百万元。虽然几百万元在大公司眼里还不算多，但是也产生了边际经济，并取得了一定的收益。

长松公司的工具包就是边际经济，有的学员很看重我们的工具包。所以，公司在顾客完成对主业经济的选择之后，要观察他们是否有对其他产品的需求，从而产生边际经济。

分/子公司如何分红

分/子公司的三种形式

分/子公司有三种形式：子公司、分公司、合盟分公司。

子公司

子公司分为两种：一种是全资子公司，可以按照子公司占股80%、个人占股20%的比例做股权激励；第二种是子公司，子公司的优点是独立核算，且可以成为独立法人。

子公司有一个弊端——重复纳税，原因在于子公司给总公司打款要开票。在营改增以后，这个弊端就消除了。比如，子公司要给顾客开6个点的税，且之前子公司给总部汇款时还需要交税。现在内部分摊6个点的税，子公司只需要交3个点的税，总部交3个点的税。

子公司的名称可以变，也可以不变，但是对外只能使用一个名字。比如我的公司叫长松咨询，所有人都会称呼我们为长松咨询，但是公司总部的全称是长松致远管理顾问咨询有限公司，简称长松咨询。同时，我们还有长松管理顾问公司、长松咨询公司。然而有些长松咨询的子公司由于一些特殊原因，可能会导致子公司无法在当地注册。比如，长沙已经有公司注册为长松咨询了，我们就要改为长松××文化传播有限公司；重庆另有一家长松集团先于我们注册，所以我们只能注册其他名字，而对外我们自称长松咨询。

分公司

　　分公司就是由总部投资，直接到地方开分公司。分公司可以独立核算，但是这是一把双刃剑——如果公司能够按步骤、有节奏地发展，就可以为公司创造巨大的利润；如果毫无目的、盲目规划，就会透支老板的资金。比如，你一口气开了10家分公司，它们全部在花钱，最后总部的资金被耗尽了，整个公司就会陷入难以为继的境地。

合盟分公司

　　所谓合盟分公司，是由经营者出钱，用总部的营业执照注册的分公司。双方签订合盟条约，统一品牌，完全按照总部的机制进行考核。其优点是可以快速扩张，缺点是人员调动比较困难。如果我邀请你来石家庄一起开合盟公司，当我想把你调到太原时，你会说我是在石家庄出的钱，不应该到太原去。

　　合盟分公司的一个核心要素就是总部要控股，也就是说即使分公司的负责人出了钱，总部也得控股。我的前7家公司全部是合盟公司，全部是员工出钱，我控股。比如，我们长沙的公司由郭总出资100万元，我一分钱都没出，但是我占80%的股份，他只占20%。郭总当时就问我为什么要占80%的股份，我回答他："你不要只看谁出了多少资金，你要看我每年能让你挣到多少钱。"如果你的资金不够充足,那么合盟公司是一个非常重要的发展渠道。

长沙市场较为成熟,因此我们只需要在长沙注册一家公司。郭路平是当时长松集团长沙公司负责人,他自己出了15万元,我占80%的股份,他占20%的股份。我们深圳公司的负责人是徐广斌,当时他出了20万元以及很多别的资产,所以我占60%的股份,他占40%的股份。

我前几家公司都是合盟公司,因此快速扩张的办法是合盟公司,如果做着做着有现金了,我出钱。如果我出钱,我给员工的股份比例可以高,也可以低,还可以给虚拟分红。注册股可以给虚拟股,而合盟公司必须得给注册股。所以这是有区别的。

需要注意的是,合盟一定是分公司,不是子公司。

开设分/子公司的节奏

关于分公司的管理,必须有严格的规范要求。

首先,开一家公司,其产品必须过关,也叫规范产品。公司要将产品打造成具有行业竞争力的产品。

其次,开第一家分公司的速度要慢。长松公司于2008年开始筹备,直到2010年才开分公司。为什么我们在那两年的时间中选择发展代理商,而不选择开分公司?就是因为如果分公司经营得不好,就要消耗资金。产品是核心,必须加以规范;产品定好了,就要建立管理系统和流程系统，这至少需要一年的时间，因此刚开始一定要慢，不要太快。只有前期的速度慢下来，后面我们才不会让别人赶超。否则，我们的系统就会跟不上，销售就缺乏战斗力，客户混乱，最后是生不如死的结局。将产品规定好，建立相应的系统后，就要建立人才培训系统，这一阶段至少需要六个月。一家公司从注册到大规模扩张，千万不能急于求成，否则发展得快，死得也快。

最好的竞争方法，就是当竞争对手违约甚至道德违约时，我们要坚守底线，不断修正自己的错误，抓住机会。同时，要吸取对手的教训，避免自己犯这种错误。以对手为鉴，可以在竞争中脱颖而出。

从发展第四家公司开始，一定由职业经理人扩张，而非股东扩张。扩张是经理人的工作，而不是老板专门负责的。如果什么都没准备好就开始扩张，你的精力就会被无限消耗。

销售流程、分红体系都是在第二家公司确立的，产品标准化与著作权制作一定要在开第一家公司时确立。如果开到了第四家公司，至少要拥有8个操盘手，即3O加5个子公司的备选操盘手。

公司具体扩张到多大，一定要看数据，千万不要凭感觉去做，否则到了最后，你就会遇到许多棘手的问题。公司什么事情都怕做得过火，一旦过火就有可能要钱没有，要人也没有。这容易导致企业信誉违约、现金流短缺、产品存在问题等一系列问题，公司陷入人仰马翻的境地。

企业家的精力是用于创新和开拓市场的，而不是用来解决这些琐碎的问题，这些问题需要专业人才去处理。最好的办法就是不要制造过多的问题，做事张弛有度，游刃有余，宁可不足，绝不能过。

现在有很多企业忙着上新三板，如果你的公司符合条件，就要去上；反之，就不要上，即使上了新三板，也可能在将近两年的时间里耗费大量的人力、财力、物力，等企业解决这些问题，客户和市场全部失去了。这就是企业内功没有练好，只能变成新三板上的僵尸企业。

几年前，有一家上市公司的老板说我的公司发展得太慢了——他的公司年销售额达十几亿元，我的公司年销售额才几亿元。我告诉他，每家公司的生存之道不同，如果我把弓拉得很满，弓弦断了怎么办？所以我们要笑看创业，不能急于求成，更不能死在创业的路上。

分/子公司分红比例

通常情况下，分/子公司的分红标准是10%~40%。台湾王品餐饮股份有限公司的分红是年利润的40%，有名的西堤牛排就是这家企业的品牌之一。

横河机电于1904年在日本成立，现在其总部在新加坡，由一位华侨担任总裁，主营自动化管理。横河机电一年的销售额是220亿美元。员工一共才200名，年利润大概是30%，所以这家企业一年创造了66亿美元的纯利润，分红的标准是年利润的23%，60%~80%的员工都有分红。

横河机电的分红法则叫"5间房分红法"。新加坡的企业所得税是17%，他们的分配方法是股东分33%，员工分23%。此外，他们的研发基金是11%，剩余的是发展备用金，大概是16%。他们将利润分成了5部分，就像切西瓜一样切了5刀。他们在分红中留出了发展备用金、研发基金，因此有较为充足的资金进行产品研发，提升产品竞争力。

参股公司如何分红

一般来讲参股公司不会有统一的分红标准,而是需要根据参股的行业、参股的规模去制定特殊的分红办法。

创业型种子期公司的分红

假如创业型种子期公司,我们参股5%。通常创业型种子期公司一般是前3年不分红,3年后扣除经理人分红5%,当然还要扣掉发展备用金。有位老板问,自己把100万元利润全部分出去了,如果将来公司没钱该怎么办?

有两种办法可以解决这个问题。

第一种办法,经理人分完100万元以后,剩余的钱分一半给股东,另一半留在公司,不过这一半还是可以分的。

第二种办法是公司只留5%~10%的发展备用金,剩余的钱全部分掉。

如果公司属于服务业,并且投资很小,可以采用第二种办法。有的公司需要扩张，比如需要买设备，就可以采用第一种办法。公司要根据自己的实际情况处理。

上市前公司投资的分红

上市前投资的目标是不分红。一般公司的上市前投资，要经历合规、申报、评估、注册、公布、订征等阶段，这些阶段一般需要 7 年的时间。一般而言，从公司开始投资，到主板上市，最快也需要三四年的时间，速度慢的就需要五六年，这些流程都走完以后，企业就可以上市了。但此时你还不可能立刻卖掉你的股票，一般要到订征时，再择机卖掉。

上市型企业的投资回报周期大概是 10 年。很多人投资上市型公司，其实是在赚养老金。比如，我的目标就是赚到足够的养老金，力争在我有生之年做到 5 家上市公司的上市前投资。目前我已经投资了两家，并且它们基本上是可以保证上市的。接下来我还有 2~3 个目标可以选择。虽然每一个项目我投入的资金并不多，但是 10 年以后的回报可能会非常高。所以我将来的退休金只依靠自己在退休前的投资就足够了。

利润型参股公司的投资分红

对利润型参股公司的投资最高不要超过 20%。分红时先留出 30% 作为公司风险金，剩下 70% 要按照税表也叫报表进行分红。

门店类企业如何分红

门店类企业扩张的准备

门店类企业做连锁扩张需要哪些准备？

第一，从"人"制向企业机制过渡。人的管理不能成为主导因素。

第二，卫生、流程、环境、操作模式必须符合行业标准。

第三，严格扩张。门店不能只依靠老板提供的资源，一定要学会市场化运作扩张。

第四，盈利的门店数量永远高于亏损的门店数量，从而达到总体盈利。

第五，人才培养体系能够快速复制，对掌握复杂技术的人才要求逐渐降低。

第六，教育性产品以私营、连锁为主，非教育性产品也可以考虑加盟。

以下三点是连锁独立门店利润核算平衡法则：

一是门店的折旧必须晚于正常折旧；

二是门店合理分摊总部人才培养费用；

三是门店要有独立的发展费用或扩张费用。

在企业进行大规模扩张时，一定要把这三项费用都分摊进去。因为企业并没有赚那么多钱，如果等到开了2000家门店时企业才发现不赚钱，那时再想退出来就很困难了。

门店类企业分红

台湾的王品餐饮股份有限公司（以下简称"王品集团"）是一家较为有名的餐饮连锁集团，主要产品有西堤牛排、王品牛排、广府鹅夫人等。这家企业2012年在大陆的销售额就已经达到了100亿元人民币。王品集团将市场上销量比较好的食物进行整合，建立独具特色的餐饮品牌，然后通过自己的商业模式和网点卖出食物。

王品集团是怎么做到销售额100亿元的？是因为他们贯彻了一些理念。第一个理念是健康比挣钱更重要。他们要求服务员携带一个计步器，要日行1万步，凡是一个月有3天以上没有达到这个标准，月底就没有分红，所以服务员经常穿梭于顾客之间。第二个理念是要有服务意识。他们的服务员态度特别好，只要你一喊"服务员"，马上会有回应。王品集团把门店40%的利润都给了职业经理人，其中前厅和后厨各占20%。

我建议服装、通讯、餐饮、足疗连锁企业可以参考王品集团的做法。

有人可能会觉得这样分红不合理，因为没有店长的分红。是否有店长的分红要根据公司的组织机构情况。我国90%的门店类企业是有店长的，少量门店类企业没有店长，用的是前厅经理负责制。老板永远不要做全员分红，也永远不可能做到100%的员工都有分红，因为公司里存在工作能力较差、态度却比较好的员工，一旦给这种员工分红，对那些工作能力较强的员工来说是不公平的。因此，公司能够保证20%~60%的员工享有分红是比较合理的。

店长分红的两种情况

公司在给店长分红时通常会遇到两种情况。

第一种情况是，如果公司开了新门店，需要让经验丰富的店长去援助指导。店长在原有门店收入比较高，在新门店收入比较低，这时就要想办法平衡他的收入。

公司可以参考这种办法：工资和以前一样，为他保留3~6个月的原来门店收益的分红。比如，你以前在这个店工作，一个月的利润是10万元，你可以分到利润的10%，也就是一个月分到1万元。后来你调到新店，由于新店刚刚成立，此时利润较少，店长按2%或3%提成，同时享有老店利润10%的提成，保留3个月。3个月以后（有的公司周期非常长），根据新老门店的情况，店长在老店的提成可以由10%降为3%，在新店的提成由3%涨为7%。这样，店长才愿意从老店到新店。

第二种情况是，公司不给店长门店分红，而是给股份。比如店长在老店有10%的股份，由于工作能力强、业绩突出，店长被公司调到新店，此时店长应该有多少股份？原来的股份怎么办？

方案一：店长原有的股份保留6个月，等新店达到和老店的同等业绩时，公司奖励店长一笔钱，这笔钱基本上是按注册资本的百分比计算的，同时收回老店的股份。公司可以根据情况，先给店长新店 5% 的股份，如果表现好再逐步增加。

方案二：店长调走以后，保留老店股份 10% 的 30%，即 3%。上任新店长时拿新店 7% 的股份，一年后，转为正式店长，再拿 10% 的股份。这就是说，公司给了新店长 13% 的股份。但到第三任店长上任之后，第一任店长的股权必须转让。

连锁类企业如何分红

连锁类企业的特征

连锁类企业的第一个特征是重投资，也就是说，连锁类企业需要的投资比较多，往往是几百万元，甚至上千万元。连锁类企业一般不会有股权激励，但是会有分红。

连锁类企业的第二个特征是商业模式比较清晰。在连锁企业中，店长更多担任政策执行者的角色，比较适用超产奖制。比如，超市、服装商场、五金商场的管理者都适用超产奖制。

连锁类企业的分红方式

我不建议连锁类企业用股份分红，最好的办法是用超产奖分红。至于连锁类企业的门店部分，也可以按照营业额分红。

连锁类企业如何利用超产奖分红？主要分为三步。

第一步，根据店面收益情况，企业把门店至少分为 A 级店、B 级店、C 级店等三个等级。

店面评估指标如下：

消费距离；经营面积；区域内消费群体的消费能力；开店累计时长。

以药店为例，第一步，药店开在小区门口，收益就相对较好；离小区门口 1000 米，收益会有所下降。所以，公司要按照店面评估指标划分门店级别。

第二步，门店规模不同，店长的收益也不同，公司要有超产奖。公司规定，A 级店的月利润在 80 万元以上，B 级店为 50 万元，C 级店为 30 万元。

第三步，每月的利润减去利润目标，获得分红利润，并按照分红利润进行利益分配。亏损时不减，并且亏损不累计至下一个季度。

"亏损不累计至下一季度"的意思是，如果门店上个季度亏损 10 万元，这个季度盈利 10 万元，你和店长说这两个季度的盈亏正好抵消，等于门店这两个季度没赚钱，所以就不分红了。这样的做法是不行的，一定不能用上一季度的亏损抵消下一个季度的盈利，而是必须按照考核周期严格执行。如果门店按季度分红，即使前两个季度一共亏了 200 万元，第三季度只赚了 50 万元，也是要分红的。

第六章

分股权要斟酌

股权是股东对公司享有的人身和财产权益的一种综合性权利。企业在股权改革前，要对股权知识进行深度、系统化地学习。对于企业来说，股权和薪酬是同等重要的。企业的关键人员，比如企业的老板、财务人员，必须掌握这些内容，从而灵活地运用各种资源和技术，更好地推动企业发展。

企业的成功一定伴随着成功的股权设计，企业的失败也和股权设计的失败脱不了干系。这句话可以这样理解：很多企业本来有一个良好的开局，由于其分钱模式和股东结构存在问题，导致企业在发展的过程中产生内耗，甚至核心人物被迫离场，严重影响了企业的发展。

最初，中国的民营企业并不重视股权设计，大部分情况下，企业只有一个股东或者一对夫妻。他们辛辛苦苦地经营企业，多年后发现，企业无法做大的主要原因之一是企业的精英中途离开了企业。他们还发现，自己的很多竞争对手是从自己的企业离开的。但是，他们通常不会认为是股权设计的问题，而是认为能力、环境、发展存在问题。

股权系统分为上市型企业股权体系和非上市型企业股权体系。上市型企业以市值为导向，通常必须考虑股权激励；非上市公司以利润为导向，根据企业所处行业及自身特色决定是否做股权激励。

通常情况下，企业可分为两种情况：这家企业准备上市及不准备上市。这两种企业的不同点在于它们的市值不一样。

不准备上市的企业，用一句话概括就是"闷声发大财"。中国其实有很多企业没有上市，它们一般不做股权激励。这些企业的老板认为员工都是为我打工的，我只要在某一个领域当中做到最好就可以了。但这类企业需要做股权激励，否则会有留不住人的情况。比如IT业，你有一个产品做得比较好，过一段时间，市场上到处都是同样的产品。遇到这种情况你该怎么办？你需要激活核心精英，对他们进行股权激励，这是非上市公司经常使用的一种有效方式。

另一类是上市企业。要想成为上市企业，就要有自己的路径和发展，并且要十分规范。

针对准备上市的企业，我有几点建议：

第一，在股权结构方面，一定要慎重进行股权合作。在进行股权合作之前，企业要设计好股权路径。如果没有设计好股权路径，将来企业上市，相关部门在查账时发现企业不规范，就有问题了。

第二，在股权合作的过程当中，要先合规再合作。最好的办法就是不要让你的股份有太多的人参与；要保证每一个参与者都合规、干净、规范，否则会存在很大风险。

第三，不要感情用事。有人问，这个人已经和我合作了很多年，我要不要送给他一些股权？我建议不要送别人股权。股权很有诱惑，你给别人5%，别人就想要10%，你给别人10%，别人就想要20%，你给别人50%，别人可能还想要更多。那么，你自己还要不要股权呢？所以，大家不要感情用事。

股权设计的核心要素

企业的成功和优秀的股权设计有密不可分的关系。股权设计有八大要素，分别为股东选择、主股与间股、股权激励对象、速度与创新、解放老板、优质排他法则、上市、长期收益，见图6–1。

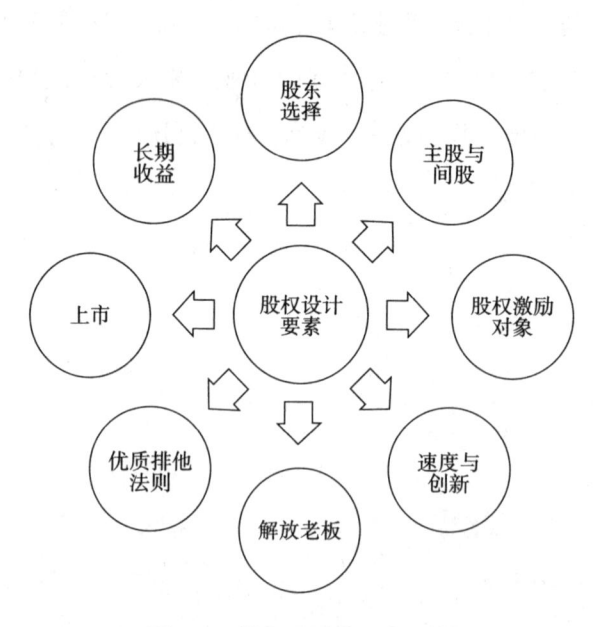

图 6-1 股权设计的八大要素

股东选择

企业一定要非常慎重地选择股东。员工可能会离职，但是股东不存在离职的问题。一般情况下，股东是不会退股的，所以股权合作是一辈子的事情。

我不会轻易选择股东。我的公司股权改革非常慎重，宁可不足，也绝不能过；宁可保守，也不能随意地稀释股权。

我认为，股东的选择主要看法律和性格两个层面。

法律层面

从法律层面上来看，我们和股东之间是有约定的，这一约定受法律的保护。关于股权合作，有一个非常重要的细节——法律问题。员工和老板之间的利益诉求关系非常简单，即员工为公司做更多的工作，以便获得更高的收益。但是股东和公司的关系是不一样的，股东不但需要钱，还需要各种权益。一个人一旦成为股东，哪怕只有0.05%的股份，也享有股东的权益，股东与公司相互之间必须构成命运共同体和利益共同体。

性格层面

从性格层面上来看。如果公司的股东在性格、价值观等方面比较接近，合作就会比较愉快；如果股东之间相互猜疑，在背后说人坏话，合作就会非常痛苦。

法律层面、性格层面使得我们进行股权激励时，更要慎重选择股东。

有人说，我做股权改革就是为了留住人，然而往往事与愿违——股权分得不好，人也没留住。所以，我们在股权改革的过程中，首先要有上述认知，做到未雨绸缪。

企业也不能因为惧怕股权改革出现问题，因噎废食，放弃股权改革。一个行业优秀的人才数量有限，甚至是凤毛麟角，如果你不改革，人才就会被别人挖走，优质资源去服务其他企业或者是你的对手，你的企业就会失去发展空间，这也是一种危险的局面。

主股与间股

主股股东和间股股东的区别

凡是直接到一家公司注册，成为这家公司股东的，叫主要股东，即主股股东。主股股东基本上享有100%的股东权利，包括查账、分红、表决权、被表决权、选举权等。

间股股东的情况就比较复杂了。

第一种情况：股东并不是直接入股这家公司，而是和其他几个股东先成立一家公司，这家公司再入股母公司。对于母公司而言，原来公司的股东就是间接股东。间接股东也是公司的股东，只是他的权利有限，不像主股股东一样享受全部权利。

为什么要这样设计？因为我们考虑到要长时期合作，想让所有的人都有统一的性格，形成命运共同体，难度太大，所以必须增加一定的自由度，成立由一些人间接持股的公司，因而产生了间股。

第二种情况：你和这家公司合作投资其他项目，而不是投资这家公司。比如，我和A共同投资了一家公司，A并不是母公司的股东，而是与我们合作的行业公司的一个股东，我们也可以叫他间接股东。

第三种情况：你不出现在持股平台的名单中。我们有可能单独成立一家公司，你把资金投入其中，公司通过合作的方式运作资金，你和母公司没有关系，但是我们商讨了明确的收益权，你也是间接股东。这种间接股东除了收益权，基本上不会有太多的其他权利。

战略设计

主要股东和间接股东之间要做好战略设计。很多人认为，股权激励一定是让人到公司注册成为股东。后来大家发现，尽管注册成为股东比较容易，但是工作过程当中，会遇到很多问题。比如，每一次股东会议都需要股东参加；如果有股东去世了，股权该如何处理？我们认为，股权是一种资产，如果有人去世，其合法继承人可以继承股东资格。但是前股东的继承人你不认识，股东会议上就会出现几个陌生人。我曾经见过一家公司有40多个股东，经过十几年的发展，有5个股东去世，股权分别由他们的子女继承，他们也不退股。公司每次召开股东会，仅仅是通知开会就要花费好几天的时间。

股权激励对象

股权激励是一项机制，机制的好坏决定了人心向背。企业制定的任何一项政策、一个内部制度、一种规则，都必须考虑适合哪些人生长。从整体来看，机制的本质在于创造一种人文环境。

有一家企业老板问我，在企业经营过程中，什么是对人影响最大的因素？我毫不犹豫地告诉他：环境。机制创造了环境，对人的影响最大的就是环境。

如果一个地方能长出一棵参天大树,第一个重要因素就是要拥有相应的环境,没有合适的环境,就长不出大树。种子生根发芽,要看环境:即使这颗种子具备长出大树的能力,但是它所处的环境不适合它,就很难长出大树。企业亦是如此。股权激励是一项机制,它和薪酬、考核、晋升、干部的任免同等重要。我们在设计企业股权结构的时候,要思考这一结构是适合"狼"发展的环境,还是适合"羊"发展的环境。

一家企业进行股权改革,不要总是考虑过去,不能因为有人在企业工作多年,就要给他一些股份;谁跟老板是亲戚,就要给他一些股份。这些人有了股份以后,并没有激发自己的潜力,反而变得越来越懒散,这种机制对企业发展就有负面影响。因此,我们在做股权设计的时候,要严格制定谁能拿到企业股权的标准。我的建议要制定出适合那些积极进取、努力工作的员工的股权激励政策,为这样的员工创造环境,为他们创造一套机制,他们打拼出业绩,通过指标考核以后,就可以得到企业的股份。

如果企业家能够认识到这一点,企业的股权改革基本上就成功了一半。一家企业可能会有几个懒散的员工,但大部分都是积极上进的员工,这家企业就是有生命力的。优秀的企业家先不要考虑员工的留存率有多高,重点考虑的是企业存在多少积极肯干、努力上进的员工。

速度与创新

企业的发展离不开速度与创新,创新需要环境,而环境的营造绝对不仅仅是一家企业的股权改革那么简单。

在股权激励改革的过程中，我们应该重点思考：股权激励是为了让企业发展速度变得更快，还是为了让企业更加具有创新力？企业需要什么样的人才，就要通过股权激励创造适合人才发展的土壤，这一点非常重要。有很多企业做股权改革，根本不考虑这些层面的问题，只考虑股权改革的方法是什么、价格怎么定，核算每一股值多少钱、谁能拿多少股，没有考虑企业需要的是速度型人才还是创新型人才，即缺乏对人才的正确认识与合理定位。

我们公司虽然创新能力在咨询界中较强，但仍然缺少创新型人才。就目前来看，企业业绩名列前茅、业绩比较出色的人都在拼速度，但是他们不考虑方法论，不考虑技术，他们考虑的是，你教我怎么跑，我就怎么跑。所以，我希望我们公司成为一家创新型的企业。

如果一家企业的股权改革趋向创新与速度的平衡，那么它就是一项有价值的股权改革，否则就只是一种给别人股权和现金的方法而已。追求速度的人喜欢现金，还是喜欢股权？肯定是喜欢现金。白天去外面做业绩，晚上就能赚到钱，这是速度型人才最喜欢的，然而这并不适合企业。所以，企业老板要考虑速度和创新二者之间的平衡。

解放老板

虽然企业老板都比较辛苦，但是辛苦的程度是不一样的。有的老板只需处理企业的重大事情，而有的老板要处理企业的所有事情。其实，老板要分析自己的工作任务。一家企业在管理方面有 5 项重要的工作，分别是做战略、决策、执行、运营和监督。

  一家企业中，老板的工作是做决策，董事长的工作是做战略。比如在长松公司，只有我在做战略，下面的高管再基于我的战略对具体的项目做出决策。如果老板一个人做了企业的所有事情，既做战略，又做决策，还做执行、运营、监督，他可能会累得筋疲力尽。

  企业老板无论如何勤奋，自己一个人去做所有的管理工作也是行不通的。老板不要想着自己把企业所有的事情都揽过来，要学会把一些事情交给别人做。

  这里就涉及了一个名词：代管。代管也叫离场管理。代管的动作较多，比如，给别人做工作分析，做股权激励，做分红，设定目标，设定监督监察的机制等。其中，最重要的一种代管就是股权激励。

  我们还是以长松公司为例。在长松公司的股权激励中，最核心的几个高管分别负责不同的环节，即决策分开。决策不是一个人做的，而是由好几个人去做。大家千万不要小看决策分开，它可以节省老板大量的时间。老板准备让他人代管多少，就决定了股权如何设计。

  有的企业在生意好时，全员上下很有干劲，在遇到压力时，老板感觉到自己成了孤家寡人，这和企业代管的股权激励不到位有很大关系。其实，最核心的几个人应该把公司当成家，压力再大，也要顶住压力，就可能会迎来一个红利期。所以，代管股权的激励体系具有重要作用。

优质排他法则

  社会中最重要、最优质的资源，是具有排他性的。比如，很少有一个 CEO 担任几家公司的 CEO，因为这个职位具有排他性。

股权激励的核心，就是寻找并占有优质资源，对竞争对手形成排他性。

上市

企业为什么要进行股权改革？一个重要原因就是企业要上市。坦率地讲，股权改革本质上只有两种：第一，这家企业当下特别能赚钱，员工愿意入股，因为入股以后可以分到钱；第二，不管企业现在是否赚钱，从长期来看，这家公司是可以上市的，一旦它上市，入股员工的投资回报率可能是现在回报的 8 倍、10 倍。

假如我投入 100 万元，上市 3 年后变成 800 万元，这个回报率非常可观。所以说，企业上市是一个非常重要的目的。大家都知道，一旦企业上市，随着市值增高，财富也会增加，这家企业就有资金，而具备并购其他公司的能力。

如果企业成功上市，每个员工都有机会赚到钱，那么员工在企业上市前，就一定会更加努力地工作，保证企业从申请上市到上市这个阶段业绩平稳，这是一个相辅相成的过程。所以在做上市战略之前，企业会进行相应的股权改革。

长期收益

薪酬结构包括几个重要的收益，最重要的收益是固定收益，即工资。

当一个人只能拿到固定收益的时候，这个人的经济压力可能会比较大，原因是生活中某些固定资产成本特别高。比如，如果你只有固定工资，可能无法购买一套房子。要想收入变高，必须加上提成，即要有效益工资。和固定工资相比，效益工资的风险较大。

股权激励是企业常用的激励员工的方法，它是一种长期激励，为员工的长期收益提供了一定保障。员工的职位越高、越关键，对企业的影响也就越大。股权激励将员工自身利益和企业利益紧密相连，这样，员工不仅关注企业的短期业绩，而且更加关注企业的长远发展。企业按照相关约定对员工进行回馈，从而使员工获得长期收益。

股权激励必备的基本规范和常识

股权激励的重要概念

很多企业老板问我:"我准备给员工做股权激励,但是不知道怎样去做。应该从何处下手?"我建议企业在做股权激励之前,企业相关人员一定要了解一些股权激励的重要概念。

总股本

总股本是指企业的总股本数,以数量表达。股本不是按百分比来算的,而是按照你持有多少股计算。

每股单价

每股单价指每股的价格,通常情况下,企业在上市时都会确定每股单价。

总注册资本

总注册资本指体现在公司营业执照上的注册资本金额。

市值

市值是指企业所评估的价值。

股权激励概念的应用

假设一家企业准备上市，上市时要有一个定价。近几年，中国上市股票的平均价格在 22 元左右。如果价格是 22 元 / 股，市利率为 22 倍，我们可以算出原始股的价值就是 1 元。价格分为三类：市场价、资产价（总资产 ÷ 总股数）、利润价（总利润 ÷ 总股数）。

每股单价计算办法分为倒推法和正推法。

倒推法：一般来讲，22 元就是指单价，也就是指市场的价格。一般市场的价格，在企业上市时大约是实际价格的 22 倍，即实际价格是 1 元时，市场价是 22 元。用倒推法计算，一般我们给 PE（私募投资）的价格大约是 15 倍，也就是 PE 基本上会增加 80%~100%。因为上市的时候是 22 元 / 股，但是经过几年上涨，有可能会上涨到 100 元 / 股，和上市时的市场价相比，差不多增加了 4 倍。PE 的 100% 利润率再乘以 5，就要翻 10 倍，给 PE 是 15 倍的话，我们给贡献者也就是 6~10 倍，给员工是 3~6 倍。经过大规模的测算，得出企业最原始的定价为 1.3~1.6 元，这个价格是最合适的。也就是用倒退法算出股价的原始定价为每股 1.3~1.6 元。

正推法：如企业市值 5 亿元，注册资本 1000 万元，设为 1000 万股，则每股单价 50 元。

企业家需要明白这些规则，然后才能计算出总股本数。假设总股本数为 1000 万，你拥有 100 万股的时候，就等于占股 10%。

在做员工股权激励前，必须有清晰的规划

股权激励既不能随意做，也不能随意地给别人承诺。一个企业员工可以拥有多少股票，并没有一个标准的规定。有的企业无论怎么进行股权改革，都只给员工 15% 的股票。当然也有例外，有的原始创业股东拥有很少的股份，比如华为的任正非，据说他仅持有 1.22% 的股份。如果你没有巨大的影响力和能力，就不要像他一样持有少量股份，因为这样做是存在巨大风险的。

所以，在进行员工股权激励前，企业必须进行充分规划和考量，研究出合理的股权激励的总比例、股权对象等。

并非所有行业都适用股权激励

尽管股权激励有多种好处，但是并非所有行业、所有企业都适合。我们需要对企业所处的行业、企业自身情况进行充分评估，再决定是否采用股权激励，也要确定以谁为主体，采用何种方式进行股权激励。

通常，科技型企业、研发型企业、创新型企业经常对员工进行股权激励；项目型企业可以以项目为主体，进行投资性分红，无须对主体公司进行股权激励；重投资的生产型企业、资源型企业，则需要慎重进行股权激励，更多地采用分红或超产奖方式。

科技型企业一定要做股权激励，这是因为科技型企业的研发基本依靠人才完成。人的智能水平、学习能力和企业的待遇，对企业是否能够做出好的产品有巨大的影响。这样的企业往往需要做股权激励。

配件生产企业的生产流程已经固定。它们就不适合做股权激励，或仅仅需要做很少的股权激励，比如只需要做分红、超产奖、提成就可以了。而类似房地产行业的企业，一般不会在总部的股份上做大规模的调整，而是针对每一家小企业做股权激励。

股权激励的节奏需要调整

近些年股权激励在不少行业盛行，这就让许多企业老板认为，如果自己的企业不进行股权激励，别人就会觉得自己不能顺应潮流；如果不把股份出让给别人一些，就显得自己很小气。其实各位老板大可不必产生这样的想法。你的企业跟其他企业的背景、行业、规划都不一样，没有必要完全照搬其他企业的模式。任何一家企业在准备进行股权改革之前，必须深度了解相应的知识，而这些知识是不能完全依靠做咨询来获得的。

我的一个朋友花了100多万元请一家咨询公司给他做股权咨询。起初效果非常好，他和我炫耀："当时我向你请教的那个问题，你回答得太保守了——既不让我动这，又不让我动那，你看现在这家咨询公司给我的企业做得多好。"

我深知他所在的行业前两年顺风顺水，很容易赚到钱，股权改革当然成效显著。但是风口一过，行业也受到了打击，货款收不回来，银行也不放贷，问题就越来越多，于是出现了员工要求退股的问题。公司账上本来没有什么钱，员工还要求退股，老板就更拿不出钱来了。与此同时，许多员工跳槽，造成了人才流失。更糟糕的是，这些跳槽的员工还拥有公司的股份，开会的时候连人都很难凑齐。这位朋友后来就和我诉苦了。

股权激励的正常节奏是企业成熟一部分，才能改革一部分。企业不能急功近利，一定要根据自身的实际情况和节奏去调整。

财务必须合规

股权改革这件事情比分红要难。赚了多少钱，分红应该分多少钱，只要事先规定好了，就很容易执行。

股权改革之所以难，是因为股权是一种终身的财产权。在改革的过程中，如果企业财务不合规，或者企业财务能力不足，就会影响股权改革。在给企业做咨询时，我每次都会在关键环节上提到财务的注意事项和必须达到的要求。

股权改革必须建立在财务合规的前提下，一旦财务不合规，就不能进行股权改革。此外，股权改革必须经过合法的财务通道。

股权价格必须建立在市值评估的基础上

在进行股权激励时，企业必须保证股权定价建立在市值评估的基础之上，以及算出企业的价值量。

企业必须有经律师审定过的股权改革合同与文书

股权改革合同与文书主要指企业要准备的大量相关资料。股权改革是一项非常严肃的工作，必须让律师准备好所需的全部资料。

目前网上有大量的标准化文书模板，企业需要套用这些模板，还是要经过律师的审定。在企业股权改革过程中，所有的合同、文书必须齐全、合规。

要对核心人员进行考察

鉴于股东合作的长期性，股东之间必须具备同频思维。人与人的分分合合，圈子由建立到分散，由分散到重建，本质上看的是思维是否同频。在股权改革中，每个人的目的不同。比如，老板希望找到同频的人以便开拓更大的事业，有的人仅仅是为了赚到钱。这两种人的目的不同，说到底是思考模型不同。

企业在股权改革的过程中，用的方法再好，也要必须找到一个同频思维的群体。

一个老板问我："贾老师，股权改革对股东的学历有要求吗？"

我认为股权改革对学历是有一定要求的。学历低的人可能有两种情况：一种情况是他的学习能力强，但是不具备上大学的条件；另一种情况是他确实不喜欢学习。大多数不喜欢学习的人，进入社会也往往不喜欢学习，这样的人很难进步。

所以，股权改革对股东的学历还是要有一定要求。

企业常用的股权类型及注意事项

企业常用的股权类型

企业常用的股权类型主要有期权、虚拟股、注册股、小湿股、大湿股、干股，见图6-2。

期权

很多人对期权是有误解的。在和员工谈论股票时，企业老板尽量不要说"股票"两个字。因为他们可能认为这里的股票是注册股，即主股，而不是期权。期权和主股有很大的不同。

期权是指企业出台了一项制度，前期让你享有分红权，随着时间的推移和考核指标的实施，你就拥有了更多权利，比如变成可以考核的注册股。一般来讲，期权最大的好处就是你不用出钱买股票，而是通过工作拿到股票。

员工离职时可以按照期权合同获得一定的补偿。补偿方式有很多种，比如多发一个月的工资，或者多补四个月的分红，或者退注册资本金，

第六章 分股权要斟酌

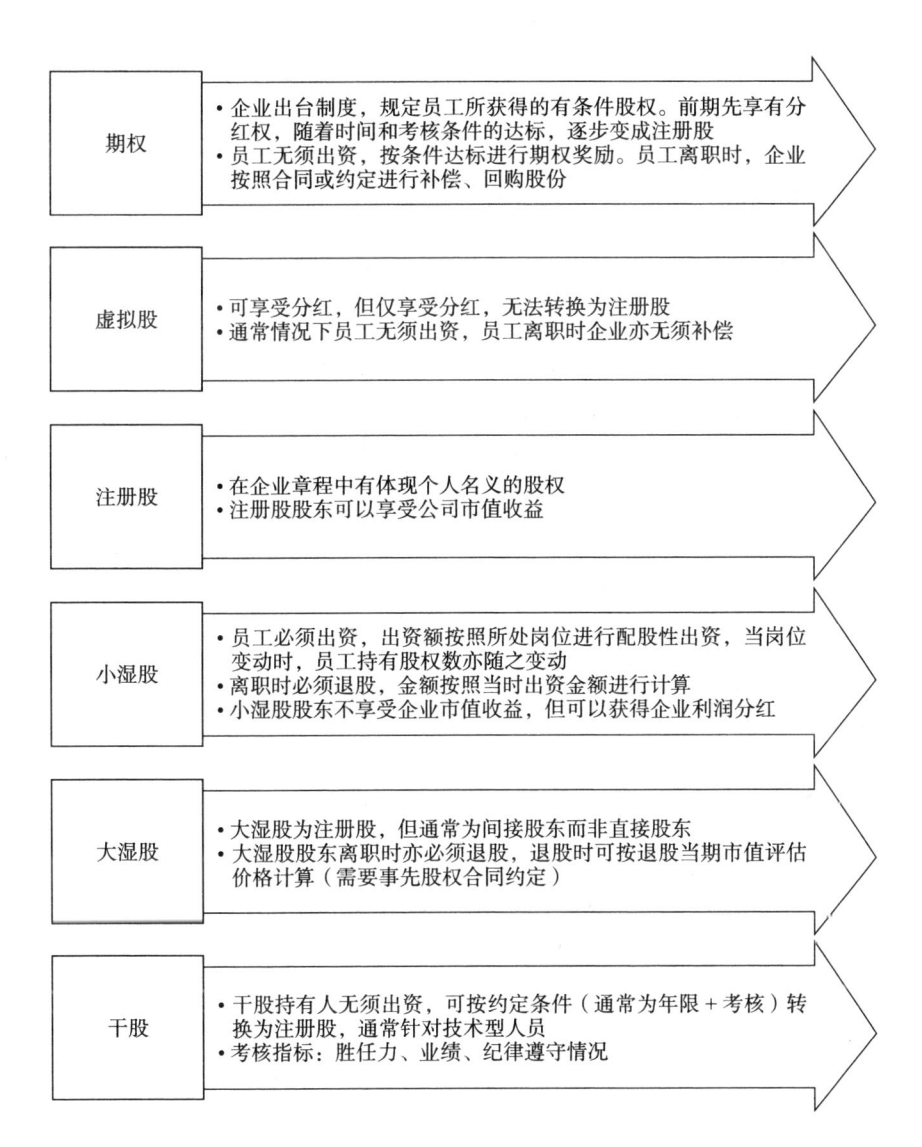

期权	• 企业出台制度，规定员工所获得的有条件股权。前期先享有分红权，随着时间和考核条件的达标，逐步变成注册股 • 员工无须出资，按条件达标进行期权奖励。员工离职时，企业按照合同或约定进行补偿、回购股份
虚拟股	• 可享受分红，但仅享受分红，无法转换为注册股 • 通常情况下员工无须出资，员工离职时企业亦无须补偿
注册股	• 在企业章程中有体现个人名义的股权 • 注册股股东可以享受公司市值收益
小湿股	• 员工必须出资，出资额按照所处岗位进行配股性出资，当岗位变动时，员工持有股权数亦随之变动 • 离职时必须退股，金额按照当时出资金额进行计算 • 小湿股股东不享受企业市值收益，但可以获得企业利润分红
大湿股	• 大湿股为注册股，但通常为间接股东而非直接股东 • 大湿股股东离职时亦必须退股，退股时可按退股当期市值评估价格计算（需要事先股权合同约定）
干股	• 干股持有人无须出资，可按约定条件（通常为年限+考核）转换为注册股，通常针对技术型人员 • 考核指标：胜任力、业绩、纪律遵守情况

图 6-2 企业常用的股权类型

即使你没有交过注册资本金，企业也会退一些钱给你。

虚拟股

虚拟股也叫虚股，它与期权的相同点是可以同时拿到分红，不同点是虚拟股永远无法变成注册股。关于这一点，企业要和员工约定清楚，给的是期权还是虚拟股。

虚拟股除了不能转成注册股以外，与期权还有一个根本的不同：期权在员工离职的时候会有象征性的补偿，虚拟股则没有。虚拟股的持有者与公司在本质上还是一种雇佣关系。

综上所述，虚拟股与期权的相同点是都能拿到分红。不同点是：第一，虚拟股永远无法变成注册股；第二，员工离职时取得的收益不同。

注册股

顾名思义，注册股就是在工商局正式备案登记，可以查询到你的名字的股票。

注册股与期权和虚拟股有许多不同之处。其中，最大的不同在于注册股有市值。

举个例子，如果你拥有A企业1%的股票，就意味着你每年基本上是分不到钱的。因为公司还要投入研发，增加客流量，所以一般不会把利润分给你。但是你不能忽略这些股票的市值。市值是一个法律层面的术语，必须有相应的第三方机构证明你这份资产的估值，期权和虚拟股是没有这种评估的。

注册股里面还有几种股东，一种是直接股东，一种是间接股东，他们都受法律保护。需要注意的是，国家没有针对虚拟股的法律条文，最多企业内部有一个补偿制度，或者由劳动仲裁部门根据虚拟股规定的条款来帮助你获得应得的利益。

小湿股

小湿股与期权、虚拟股最大的不同在于，小湿股的拥有者一定会出钱，不管你资格再老、学历再高，都要出钱。另外，小湿股会退股，就是当你离开这家公司的时候，你必须退掉股份。如果你拥有某一家公司的注册股，当你辞职的时候，你依然是这家公司的股东；但是如果你持有的是小湿股，你离职时，一定会退出。

小湿股的第一个特征是拿钱入股，没有钱不行。小湿股的股价要按照当时公司股票的市值计算。

小湿股的第二个特征是不会涨。你用200元入股，也是200元退出。

小湿股的第三个特征是小湿股既然不会涨钱，就说明小湿股没有市值这个概念，也就是不管公司的总市值增长了多少倍，小湿股的价值是不变的。

小湿股主要入股的目的不是上市，而是分红。不过这一条在最近有所更改，有的公司规定了小湿股入股以后，可以进行价值增长。比如原来1元入股的，现在公司股票变成1.2元了，小湿股的价值也就变为1.2元。

小湿股的第四个特征是它会随着岗位的变动而变动。比如，你入股时是人力资源部主管，拿到了5万股，但是过了一段时间，你从主管升到副经理，从副经理升到经理，又从经理升到总监，那么你的股本也会不断变大，你的股票就会不断增多。

员工离职的时候，为什么一定要退小湿股？因为小湿股的总股本是一定的。比如，我们公司规定，用40%的股票来发行小湿股，如果A退出公司，B进入公司，公司对B也需要进行股权激励，就要把A退掉的这部分股票给B。因此，员工在离职时要退掉小湿股，从而方便公司对新进入员工的股权激励。

大湿股

　　大湿股与小湿股的共同特征是，拥有大湿股的人离职时也要退股。

　　大湿股与小湿股的区别：第一，大湿股是注册股，但持有大湿股的往往不是直接注册股东，一般都是间接注册股东，即间接股东；第二，大湿股可以进行市值的评估，即股票不但可以分红，还可以增值。

　　小湿股和大湿股为什么在市值上存在不同呢？一般来讲，企业让股东去购买小湿股时，就要保证年年分钱，因为股东入股的目的就是分钱。发放小湿股的公司，一般情况下分钱会比较及时，大湿股就不一定了。

　　大湿股有市值，钱在公司账上。发放大湿股的公司往往会与公司的核心原始股东签订一个员工退股协议，或者叫员工购买退股协议。这就是说，在员工退股以后，他的股票一定会被别人买走，或者说转让，转让的价钱、退出的规则、法律程序如何执行、多长时间退出，要在协议里面写清楚。

干股

　　干股又称分红股，是一种虚拟股权。干股与湿股最根本的不同之处在于，干股的持有人不用出钱，湿股的持有人是要出钱的。这也是干股的第一个特征。

　　干股的第二个特征是可以转化成注册股，但是需要考核。期权不一定考核，有的公司期权熬到一定年份，就自动变成注册股。我们公司的分/子公司老板，干到 5 年以上，如果业绩达标，我基本上就会给他注册股；干股往往会给技术型人员，这些给技术型人员的干股又称为身股。

在将干股转为注册股时，我们要对这些人员进行三方面的考核。第一，考核他们的胜任力，就是要考察他们的能力如何，是否有能力担当相应的职务；第二，考核他们的业绩如何；第三，考核他们是否存在违反公司制度的行为。

使用时的注意事项

表决权归属

在进行股权激励改革的过程中，我们发现原来的股东结构变了。最早只有原始股东，现在增加了一个新的群体——激励股东，之后还会再增加一个群体——投资股东。见图 6–3。

表决权集中在实际控制人身上

原始股东 | 激励股东 ＋ 投资股东

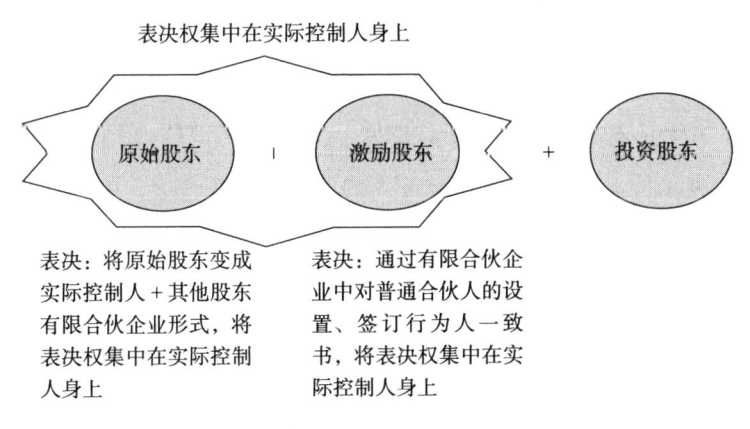

表决：将原始股东变成实际控制人＋其他股东有限合伙企业形式，将表决权集中在实际控制人身上

表决：通过有限合伙企业中对普通合伙人的设置、签订行为人一致书，将表决权集中在实际控制人身上

图 6–3　股改过程中表决权的归属

股权改革的过程中，原始股东有表决权。如果是投资股东，则有两种情况：一种是有表决权，一种是没有表决权。没有表决权的投资股东通常要和原始股东约定好，自己只在公司做股东，并且放弃表决权。

一般要通过设置普通合伙人的方式，把激励股东的表决权给普通合伙人。原始股东＋激励股东＋投资股东，按股权比例进行表决。实际控制人股权可以不占控股地位，但是表决权一定要集中。

董事席位

董事对企业经营事务有表决权，表决票数与董事席位数有关。因此，企业不仅要考虑表决权，还要考虑在董事席位数量上占优势。

一家企业应该设立股东会。企业的老板都知道，企业不可能三天两头召开股东会，大家都有自己的工作要做，有的股东可能与公司不在同一个城市，甚至不在同一个国家，这就不可能天天召开股东会。此时需要一个机构代表股东进行经营，这个机构就是董事会。

董事会与股东会最大的不同在于，股东会按所占股票的百分比进行表决，董事会按董事会成员的席位数进行表决。比如，我占51%的股份，并派了一个董事，代表我表决；另一个人占20%的股份，也派了一个董事；还有一个人占29%的股份，也派了一个董事。现在存在3个董事席位，表决时是1∶1∶1。当遇到重大的问题召开董事会，如果有2个人否决，1个人同意，这项决策就被否决了，即使投赞成票的人股票占了51%。如果大股东对这项决策不满意，可以提请召开股东会。

沟通事宜

在进行股权激励时，企业老板要和员工深度沟通股权改革中存在的问题。

第一，股权价格。

股权价格必须有明确的规定。我曾经做过一个联合项目的创业股权改革，当时员工购买股票的价格要比原始股东高，他们表示不愿意进行股权改革。这是企业在股权改革过程中经常遇到的问题。企业老板就要多和员工沟通，告知他们股权价格与岗位、与承担的责任存在紧密的关系。

第二，股改流程。

在进行股权改革之前，企业一定要和员工讲清楚流程，说明每一步流程员工需要如何配合；否则在股权改革的过程中，很容易出现员工无所适从的状况。

第三，相关的知识要进行培训。

关于股权类型、合规性要求等内容，企业要对员工进行培训，比如，什么叫股票、什么叫期权，怎样考核等。

价格、流程、知识和职责都向员工讲清楚，股权改革就会非常畅通。特别是改革的方案，一定要对员工做深度培训。当然，也不是只有参与股权改革的人需要参加培训，这一期没有分到股票的人通过参加培训，也学到了知识。这样他们就会更加努力，更容易取得企业进行股权激励想要的结果。

常见的股权激励办法

赠 + 购（贷）法

赠 + 购（贷）法非常适合于总部的股权改革。特别是进行第一次股权改革的时候，要用这种方法，因为总部股权的市值都比较高。

比如，长松公司的市值评估大概在 5 亿元。很多科技公司根本就没有长松公司的业绩，但市值都在 20 亿~30 亿元。

5 亿元的市值，说多不多，说少不少。5 亿元的 1% 就是 500 万元，如果一个人要获得 5% 的股票，就需要 2500 万元的资金。你让他买股票，他没有钱。一旦公司上市，起步价就可能是 50 亿元，1% 就意味着值 5000 万元。但是，员工入股存在一个矛盾：老板给他 1% 的股票，他拿不出买股票的钱；如果他不买股票，将来有一天企业上市了，他又会非常后悔。

我有一个朋友，他们公司在那一年被业界机构评估市值 5 亿元，公司给了他 1% 的股份，采用的是赠 + 购的形式，即赠 50%，购 50%，也就是他出250万元入股。

过了一段时间，公司又新来了一批高管，也出台了新政策——谁的股票想卖，公司可以回购。我的这位朋友当时把250万元的股票卖了500万元，他感觉自己发财了。两年以后，公司上市了，经过几轮上涨以后，市值达到180亿元。180亿元的1%是1.8亿元，而它的本金只有250万元。

如果员工购买完股票之后，其生活水平不升反降，就无法达到激励的效果了。所以既要让员工留在公司，又要让员工拥有公司的股票，公司采用比较稳妥的办法就是"贷"，即贷款。

有的贷款公司专门给股权改革提供贷款，但是它的业务对象一般不是民营企业，而是国有企业等大型企业。前几年国有企业股权改革较多，企业要上市，上市前员工都要持有股票，但员工又没有这么多钱，于是就有人专门成立贷款公司，只做股权改革的贷款。

如果没有外部的贷款公司，很多企业往往会在内部成立一家小额贷款公司，或者直接允许员工向公司借钱，这就叫赠贷法。赠贷法的好处是，企业既没有降低股票的价格，又达到了员工个人出很少的钱，甚至不出钱就拿到公司股票的目的。

像长松公司的500万元，我一般采用的方法是"赠+购"与"赠+贷"相结合的方式，见图6-4。通常情况下，购的股权数额不得超过赠的股权数额，赠和购之间也有一个比例，有的公司购买的比例为60%，赠予的比例为40%，即购买1%的股份要出300万元。

经过深思熟虑，我发现这个比例不合理，于是长松公司采用的是对半的方式，即购买50%，赠予50%。出资250万元就可以拿到公司1%的股票。而大部分员工是无法拿出250万元的，我们可以为员工对方法进行细分——首付和贷款。一般情况下，首付和贷款的比例是 4∶6，即 250 万元首付 100 万元，贷款 150 万元。

这种办法解决了员工购买股份的问题。

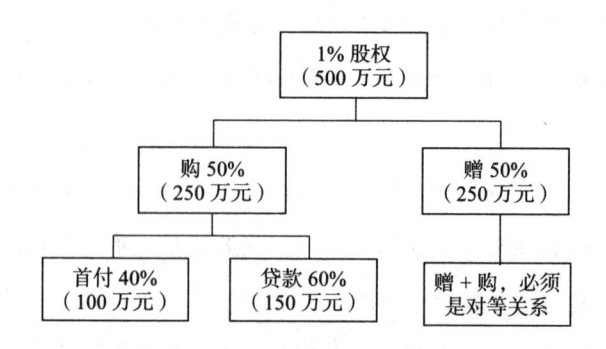

```
                    1% 股权
                  （500 万元）
                 /            \
          购 50%              赠 50%
       （250 万元）         （250 万元）
         /        \              |
   首付 40%     贷款 60%      赠 + 购，必须
  （100 万元） （150 万元）    是对等关系
```

图 6-4　长松公司股权激励的赠购比例分配

市值定价

要拿到 1% 的股份，该如何定价？如何推演？我们首先要设计出它的市值，如果自己无法设计，也可以找第三方机构评估。一般情况下，在评估后我们会对公司价值打折。比如，评估机构评定公司价值 8 亿元，有可能会按 5 亿元计算。打折到哪种程度，完全取决于公司老板的看法。

确定公司的市值后，我们再算出每 1% 股份的价格。因为有的人会买 1%，有的人会买 5%，也有的人会买 0.5%，有的人会买 0.7%，只要我们能算出 1% 的价格，基本上其他的价格就都可以算出来了。

假如一家公司发展势头很迅猛，外面的人投资迫切。这时候很多老板就不太愿意把股份赠予员工。但是公司需要这些核心干部，所以必须赠予核心干部一些股份。要把核心干部留下来，老板的格局就要大一点，有赠 60% 的，也有赠 40% 的。

赠+购（贷）这种方式，必须在私募股权投资、创业投资等外部投资机构进入前完成，避免后期因股价过高导致无法进行内部员工的股权激励。

很多老板说："贾老师，我先融资了2亿元，再给员工做股权激励，投资公司就不愿意了。"出现这种情况，投资方确实不愿意公司再进行股权改革，因为这等于将公司的价值变低了。

如果贷款偿还方式是员工向公司贷款，就需要计算利息（利息通常不高于商业贷款），员工的分红应优先偿还贷款本金和利息。

股权激励对象与股权激励方式

在赠+购的股改过程当中，股权激励对象大多由战略圈、决策圈人员构成，他们通常为企业的核心经营人员（或为引擎人员）。股权激励的顺序是自上而下，对象也有一定的规律可循。考虑到核心高管人员的不可替代性和引擎人员的重要性，不同层级人员要有不同的股权激励方式，具体方式见图6-5。

投资圈　（一）原始股东

战略圈　（二）赠+购法

决策圈　（三）购+贷法

目标实现圈　　产品圈　　运营圈
（四）对赌法、病毒法　（五）期权法、对赌法　（六）期权法

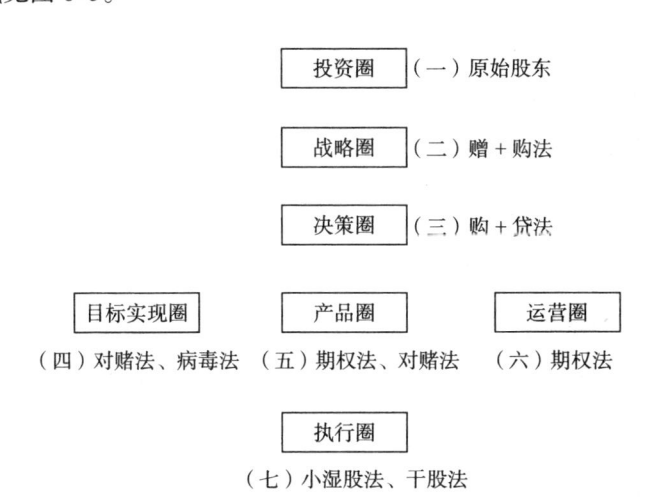

执行圈
（七）小湿股法、干股法

图6-5　公司不同层级人员的股权激励

人才共分为七个圈：第一个是投资圈，第二个是战略圈，第三个是决策圈，第四个是目标实现圈，第五个是产品圈，第六个是运营圈，第七个是执行圈。这是企业人力资源的分布状况。这七个圈是反向实现的——不管有没有战略圈，一般先有执行圈。

比如你想开一家餐馆，餐馆的创意、餐馆的决策都是你提出的，你招聘的第一个人员通常不是店长，而是服务员。同样，在生产环节你肯定先去招聘生产员工。最容易得到的群体，就是执行圈的群体，然后逐步向上走，最后才走到投资圈。

然而第一批获得股权激励的群体，却是最上面的投资圈和战略圈群体。原因是拥有战略能力的人具有较强的不可替代性。一个人收入的高低和他的勤奋程度其实并没有太大关系，和他工作能力的不可替代程度有着巨大的关系。比如，我讲的"组织系统"这门课，不可替代性太强：有的人懂组织系统的知识却不会用；有的人会用却不会灵活变通；有的人又懂又会灵活变通，却不会讲；等到他会灵活变通了，会讲了，新的知识又出来了。所以，一个人重要的是他的能力是否具有不可替代性。

战略圈采用赠+购买法，决策圈采用购+贷法，目标实现圈采用对赌法、病毒法，产品圈采用期权法、对赌法，运营圈采用期权法，执行圈采用小湿股法或者干股法。

股权激励的改革流程

第一，准备股权改革的各项文件，包含股东章程、行为人一致书、股权激励合同、保证书、竞业限制书等，并且必须在股权改革时一次性签订相关协议。

第二，与员工谈判，给出股权改革方案，核心是确定股权定价和持股比例、企业现行财务状况。

  股权改革方案主要介绍定价和比例。其中要包含一个非常重要的流程环节，即介绍企业目前的财务情况。老板不能假设所有员工已经知晓企业目前的财务情况。比如，尽管一位高管每天都在和老板一起开会，甚至每天都拿到与老板相同的报表，但是他依然有可能不知道企业的财务情况，因为他们关注的指标和老板关注的指标不一样。

  对同样一份报表，战略圈的人关注的是利润增值和负债，决策圈的人关注的既不是负债，也不是资产，而是利润和业绩。所以老板要向员工介绍企业经营的实际情况，发展到哪个阶段。大家千万不要认为，一个决策者每天只关注公司的利润，其实他更关注企业的业绩。

  产品圈的人更多地关注增长率和业绩。运营圈的人关注的是客户量，比如运营总监每天只关注有多少人听了课程。执行圈的人大部分都不关注整体业绩，而是更关注自己的工作量，比如今天打了多少电话、工作了多少小时，至于自己为企业创造了多少利润，以及增长率、收益率、每股价值各是多少，则不太关注。所以，我们一定要有针对性地向不同群体的人做介绍。

  第三，成立合伙企业，将所有参与股权改革的人员放入有限合伙企业，使其成为间接股东，有限合伙企业的普通合伙人由企业指定。

  一般情况下，在第一次股权改革时，我们就要向核心人员和关键人才说明，不会让他们成为公司的直接股东，而是成立一家有限合伙企业，将他们整合到这家企业当中，成为间接股东。普通合伙人都由公司策划好，比如长松公司的几轮股权改革，都已经策划好了。第一个有限合伙企业的普通合伙人就是我本人，第二个、第三个有限合伙企业的普通合伙人由原始股东担任，之后有可能由营销总裁担任。

普通合伙人之间的行为人一致非常重要，它关系到公司战略的畅通性，既要保证收益，又要保证表决权和战略畅通。这是一定要提前进行设计和策划的。

第四，赠予的股权并不在账务上显示，账务只体现购买金额与持有股权部分。

通常，在注册有限合伙企业时，赠予的部分会直接减掉。赠予是公司先给你打一笔钱，让你去注册有限合伙企业，再入股母公司，相当于你用折扣价购买股权。所以它叫赠予加购买，价值等于赠予加购买的价值。

第五，入股母公司，要签订入股协议、借款协议（约定借款利息、借款流程等，通常将员工分红优先抵扣借款金额与利息）、行为人一致书、退股协议等。

企业在股权改革过程中，一定要先成立有限合伙企业，然后大家交钱，做审计，再到工商局办理营业执照。办理完营业执照以后，谈好赠予定价，接着入股母公司。在入股母公司的同时签订入股协议、贷款协议，因为贷款是需要资质的，公司给员工做的贷款协议通常叫作借款协议，员工借钱也是要付息的。借款协议对如何付息有明确的说明。我们一般是将员工的分红优先扣除，用来还利息和贷款，同时还要签普通合伙人行为人一致书。

这里涉及一个重要环节——退股协议。法律规定，有限责任公司、股份有限公司一般是不主张股东退股的。如果股东坚决退股，一般解决的办法是转让，转让后由其他股东购买。这需要约定转让条款，包含转让价格、离职时转让承诺等。具体的股权转让办法是：一种按现有的定价进行转让，一种按入股的定价进行转让。按现有的定价进行转让会有高低之分：如果公司越经营价值越小，即入股时它的价值高，经营几年之后，价值变低了，原始股东就会吃亏。至于怎么去评判，就要看公司老板如何估价公司现在的发展情况。

还有一个环节叫提留发展备用金。当员工离职时，公司可以动用这笔资金进行股份回购，暂时由大股东代持。比如我占60%的公司股份，可以先把离职员工3%的股份用公司的钱买下来，但是这部分股票不属于我，我只是代持，并不拥有这部分股票的表决权。当下一轮股权改革时，公司再将此代持股份用于股权激励。

如果是奖励股权，退股时需要有明文约定，主要方式有：未出资的奖励股权，离职时无补偿。

但是，鉴于有些员工工作年限较长且取得了一定的业绩，离职时公司可以对其进行适当补偿。

补偿有三种方式：一是注册金补偿法，二是定价补偿法（在合同中约定股权补偿价格），三是补分补偿法（通常按注册资本金进行补偿）。

长松公司采用的是注册金补偿法。注册金补偿法的优点是，有的公司虽然赚钱，但是公司没有钱，因为钱都分了。使用注册金补偿法，可以按注册资本补偿。

补分补偿法是虽然员工已经离职了，但是公司还可以让他享有一定时间的分红。有的公司也会采用递减法，比如第一年分持股票的100%，第二年分持股票的50%，第三年分持股票的25%，第四年结束。

总体来说，企业一定要有一种明确的退股机制，并且这一机制是在入股时就谈好的，而不是等到员工离职的时候再谈。

第六，配套考核。企业与员工约定，如果在考核期内未达到考核要求，或者有业绩不达标、出现违法行为，以及出现严重违纪行为，企业将回收激励股权。

即使是员工用现金入股，企业也可以与员工签订一个考核期协议。在这个考核期内，如果员工不符合条件，企业可以按照原价退股给员工。

我的建议是，企业在第一次股权改革中，不一定做考核。但是如果发生下面的情况，双方可以协商退股：业绩不达标，不符合公司股东的要求，企业可以根据考核要求或指标要求，和员工协商退股。

总而言之，企业家要明白，在做股权激励的时候注意几个核心问题。第一个是架构，也就是企业的规划架构怎么做。第二个是融资之后，怎样估值，如何实现规模扩张，占领市场，即认清效率与创新的关系。第三个是如何激励企业内部员工。

现金购买法

企业在创业初期，有两种情况：一是自筹钱，二是融资。

很多企业在创业初期的股权设计里，经常会对股权分配采用"五五开"或"三三三开"的方式。有些企业缺乏有效的规划，尽管出钱比较均等，日后在处理矛盾时，也会埋下许多隐患。

事实上，企业老板在股权改革和融资之前，首先要做的是股权规划，规划将来公司的股份给别人留多少。一般情况下，原始股东的持股不会低于50%，实业型企业、创新科技型企业等除外。这样，企业员工股权激励最高可达到30%。

企业想要获得较多融资，融资的节点越靠后越好，所以有一些行业的企业融资是比较靠后的。还有一些企业需要大量资金，就需要不断评估自己，提高市值。

员工购买股权的方式主要有三种。

第一种，公司可以直接贷款给员工，利息不高于商业贷款利息，首付不低于30%。

第二种，公司成立贷款公司，在内部提倡创业文化。

比如，某企业为支持开设销售公司，出资比例为总部30%、团队70%。由于销售公司需要资金进货和运营团队，此时团队没有足够的资金，公司就会成立专门的贷款公司，允许团队在贷款公司进行贷款。团队最高贷款额度为总比例的70%，即团队首付为总股权的21%（70%的30%），贷款为总出资额的49%，见图6-6。

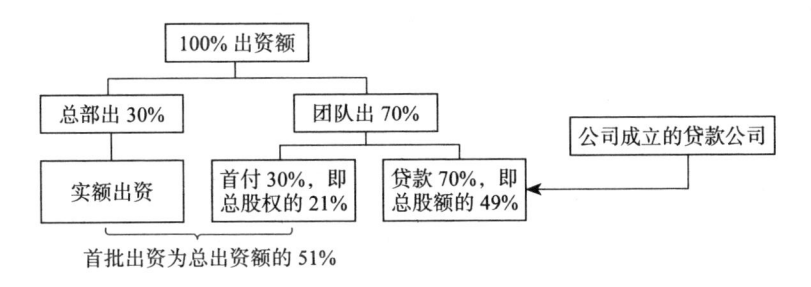

图6-6 公司成立贷款公司的出资比例

采用了这一方法之后，这家企业在极短时间内扩张了60余家销售公司，当然这家企业赶上了国家的利好政策，行业得以迅速发展。通过这种方式，他们为员工规划了从员工到股东的全路径：冠军业务员→业务员+管理→业务员+决策→决策+股东。老板的个人资金并未受损，反而有了收益，这家公司的规模也在不断扩大，并形成了无数个小股东。这是贷+购运用比较成功的一个案例。

第三种，设立持股平台，间接持股总公司或集团公司。有的公司的股权设计不是用分/子公司做的，而是用总公司来做的，如图6-7所示。

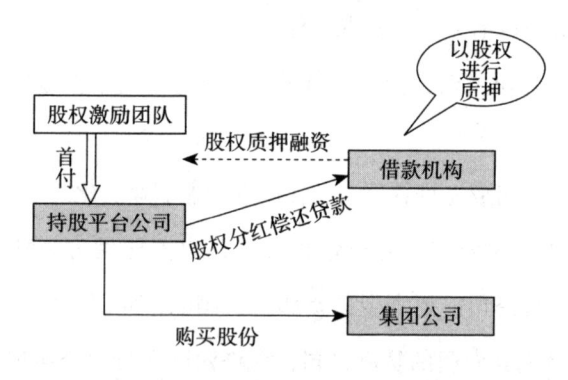

```
股权激励团队 ──股权质押融资──> 借款机构  (以股权进行质押)
    │首付                ←┈┈┈┈┈┈┈
    ↓
持股平台公司
    │  股权分红偿还贷款
    │
    └──购买股份──> 集团公司
```

图6-7 总公司设立持股平台的做法

比如，团队现在没有足够的资金，老板就先成立一家有限合伙企业作为持股平台公司。股权激励团队首先要交首付款给持股平台公司，首付不低于30%，具体比例取决于母公司的股权价值。如果母公司发展的增长率特别高，股权价值特别高，那么首付款相对比例会比较低。

在几年前，有的企业还存在零首付的现象。由第三方的借贷机构贷款给个人，而非合伙公司。团队高管承担的是无限责任，如果这家公司的股权贬值了，公司破产了，贷款还是要还的。个人贷款要有一个抵押物，这个抵押物不能是房产，也不能是书本或者电脑，而是股权。在团队成立合伙公司之前，要先找借贷机构借钱，再加上首付，成立合伙公司，才能拿到集团公司的股权。

按道理来说，集团公司的分红应该先给持股平台，再给股权激励团队。但是抵押物是股权，财务部门就直接偿还贷款。账是这样记的，法律合同规定的却是另外的履行方式。换句话说，我给你分钱，为了防止你不给借贷公司还钱，公司就以股权分红的方式直接偿还贷款。

不管是哪种方案，我们都必须提前识别企业的团队是狼还是羊，不能仅仅为了形式主义去做贷款的改革。主要的目的在于要把优秀的人才吸引到企业中，让他出适量的资金，达到企业扩张和整合人才的目的。

现金购买法有三个优点：第一，盘活资金；第二，吸引关键人才；第三，有利于企业扩张。

但是现金购买法也有缺点。

第一，增长率较高的企业比较适合这种方法，平稳发展的企业则不适合用这种方法，因为其员工对用大量资金做股权激励没有兴趣。

第二，一些企业采用现金购买法，合规性差。这些企业一旦上市，就会出现各种问题。

第三，变更不易，手续烦琐。有些企业的贷款往往可能需要5~10年时间偿还，有些高管却在短时间内离职了。一旦他们离职了，股份就要变更，但是他们不还贷款，这就会给公司制造不少问题。

对赌法

对赌的概念

对赌是指，我们合作创造未来，但是两方具备的资源明显不同。比如A有钱，B有能力，双方就可以把钱加能力进行组合，赌一次。赌的就是A的钱加B的能力可以共同达到的目标，这就是对赌的原理。对赌的目标是追求双赢。

企业在对赌的过程当中，有两种方法：第一种方法是企业找投资，和投资方对赌；第二种方法是，企业老板与高管对赌。

第一种情况比较多，比如著名的投资机构高盛，往往与被投资的企业进行对赌。当企业达到相应目标的时候，可以保住必要的股份。但是如果不能达到相应的目标，也就失去了对自家企业的控股权。

对赌是 A 希望 B 赢，B 也希望 A 赢。对赌的逻辑是一个人有钱，一个人有能力，大家共同制定目标，创造机会。

一般来讲，对赌法比较适合一个项目团队。对赌法的最大好处是可以形成缓冲。

我的一个学员是一家公司的老板。为了激励公司的高管，他不但给营销副总裁 20% 的股份，还给对方买了一套房子和一辆汽车。然而，营销副总裁在第一年的业绩却不尽如人意，没有完成业绩目标，这位老板就想让对方离开。但是，股份、房子和汽车该怎么处理？在经过几次谈判之后，终于有了结果：车和房归营销副总裁，股票退回公司。由于公司的注册章程有过更改，股票有很大的损失，房价也比当年购房时有所上涨，这位老板就受了一定的损失。

在我看来，引进人才没有必要买车买房，也没有必要给他股票，跟他谈好对赌协议就可以了。

对赌的目标方向

第一种，利润型。

利润型往往比较适合成熟型的企业，它的利润具有可预见性。

比如，我可以和长松公司分/子公司的管理者们做对赌，我出钱，赌他们股份。如果他们在多少年内创造了多少利润，那么我就把当初协商好的湿股分给他们；反之，我只能给他们一些分红。

第二种，流量型。

流量型往往更多用于互联网公司。由于用户习惯使用排名靠前的企业，企业就要想尽办法扩大流量，即使没有利润，也要这样做。

现在的互联网行业都有一个特征：大部分行业只有前两名。比如，大部分人会在美团、饿了么两大平台上点外卖，而不会选择其他的平台。这些行业争夺的是流量。

他们主要做两件事情：第一，不断吸引商家入驻他们的平台；第二，不断打击竞争对手，只剩自己。互联网公司做对赌永远都是想尽一切办法去打击竞争对手，把流量抢回来。流量跟利润，有时候是一对矛盾。有的对赌要的是流量，并不要利润，这是由行业决定的。

第三种，市值型。

凡是做市值对赌的公司，关注的一定是下一次融资，或者是上市。

设定对赌指标

企业在和员工做对赌时，有三个指标是基本不会变的。

第一，年度业绩增长率。

第二，管理满意度。它指的是团队对于管理的满意度评分。管理满意度不是个人满意度，评价时不能只评价形象满意度、人品满意度、交际满意度。管理满意度评估是有方向性的。

第三，绩效考核得分。它指的是在对赌周期内的绩效考核得分要达到标准。

通常情况下，上述三个指标我们是不会变的。唯一要变的是第四个指标，这一指标有的企业是用业绩，有的企业是用利润，有的企业是用流量，有的企业是用融资市值。

在做完对赌以后，对赌双方可以选择用利润＋业绩增长率＋管理满意度＋考核的方式，做团队的对赌模型，然后就可以签订合同了。合同主要是AB合同，A就是我给你签的合同是我向你投资，我们共同做一件事情；B就是我通过我的能力和团队的能力完成这些指标；一旦达成对赌目标，B就可以拥有这家公司的实股。

对赌的兑现方式

股权激励对赌成功以后，我们不是直接给这个人股份，而是要通过一个良好而清晰的财务通道来兑现。通道要正当，手续要合规，从而为以后的上市和融资打下良好的基础。

我们来了解一下具体的操作步骤。

第一步，计算出利润，依法纳税后按照分红比例分配给个人。

对赌答应给别人百分之多少，要计算好比例。如果你按照比例分配给对方利润，再上缴完所得税以后，还不够上缴资本金的，对赌设定就存在问题。因此我们在计算的时候，一般首先要计算企业能挣多少钱；其次看企业的市值，再看缴纳企业所得税以后，企业剩下多少钱；最后根据市值的比例，补上股份的注册资本金。

强调一下，要提前算好账，不要在缴完税后发现连资本金都不够了。那么剩余的钱到哪里补？因此，我们第一个要设定的，就是分配给个人完税后的现金分红。

第二步，财务要对个人进行审计，出具入资报告。

财务要对个人进行审计，开始走入股的流程环节，这时要出具入资的报告。

第三步，个人将资金注入持股平台。

入资报告出具以后，资金要注入持股平台，也就是注入有限合伙企业。

第四步，通过持股平台再投资到母公司或项目公司，此时个人间接成为股东。

通过母公司的绩效考核以后，个人就可以成为公司的股东，但是他仍然属于间接股东。

多级对赌

多级对赌的方式主要有4种。

第一，我们与项目团队开展对赌，由公司全部出资，项目团队可以直接获得项目的分红。

第二，开展一级对赌，项目团队对赌成功后，项目团队直接升为事业部，事业部可以享有期权。

第三，开展二级对赌，项目团队对赌成功后，事业部注册为单独的项目公司，期权转成注册股，然后公司控股。

第四，开展三级对赌，针对成立的新项目子公司继续对赌，母公司与项目团队对赌成功以后，子公司可以继续获得股权，子公司甚至可以由控股权变成参股权。也就是说，如果你的业绩突出，那么公司可以变成小股东，你可以变成大股东。这种情况能够让优秀人才的价值实现最大化。

对赌无处不在，我们可以与企业的营销人员、技术人员，以及整合的外部人员，甚至整个团队谈对赌方案。企业的发展目标只有一个，就是联合人才，创造出更大的价值和利润。

病毒式扩张法

适用对象

病毒式扩张法适合非上市型的业绩导向公司。业绩导向公司分为两种：一种是上市型的，一种是非上市型的。从逻辑上讲，没有哪一家公司是不能上市的。然而在准备上市的过程当中，一些人为操作可能阻碍了企业的上市。如果我们想在行业发展的红利期迅速获得利润，可以采用病毒式扩张。

病毒有一个非常重要的特征——它具有传染性。如果企业的机制复制并采用了这种办法，它就具备极强的扩张能力，我们把这种方法叫作病毒式扩张。

扩张有两种，一是人才的扩张，二是组织的扩张。

人才的扩张就是人带人、人培养人。关于人的培养，有不可培养和可培养两种。可培养有公司既定的流程等，病毒式扩张法主要是针对可培养方面。比如，营销部要学习如何经营营销部，事业部要学习如何经营事业部。不能把所有工作都交给老板去做，各个部门的负责人要带领大家去学习。

企业要为负责人设立相应的股份奖励办法。负责人为企业培养多少人才，企业就给他们多少份额的股份。企业在使用这种方法时要注意，负责人一般都是在分公司持股，尽量不要让他在母公司持股，这样就可以无限地扩张。

我们再来看组织扩张。如果一个老板自己去扩张，他的精力和时间是非常有限的。一个优秀的老板会把扩张交给他的下级执行，这样企业扩张的速度就会变快。

长松公司在发展初期，采用的扩张方式基本上是病毒式扩张。在扩张到几十家公司以后，我们就暂停了这种方式，转而采用组织扩张的方式发展公司。长松公司是一家咨询型企业，对专家的数量有要求，假如没有足够多的辅导师和咨询师完成业务的闭环，企业就无法继续扩张。

鉴于病毒式扩张具备极强的扩张性，企业可以通过机制设计，由老板扩张转变为团队扩张，让扩张成为常态，从而加快扩张的频率，同时也提升扩张的效率。

把握企业扩张的节奏

企业扩张的速度并不是越快越好，而是要在一个合适的节奏下进行。这个合适的节奏是指，企业在持续稳定发展的前提下进行扩张，而非盲目追求扩张的速度。健康的企业要善于防止问题的发生，同时具备在扩张过程中处理问题的能力。比如，有的企业扩张的速度非常快，市值也非常高，一段时间以后却崩盘了。

一家健康的企业并不是没有任何问题，而是能有效地避免这些问题的发生；另一方面，它也具备在这个节奏中处理问题的能力，可以把问题控制在自己的可控范围之内。如果节奏失控，企业发展得太快，就会出现问题。

我有一个朋友经营一家海鲜饺子店，在当地大受欢迎。有一次他和我说："贾老师，这是我的第一家门店，现在还有7家门店正在同时装修。"我听完以后，吓出一身冷汗。

企业的扩张是需要节奏的。我绝对不会同时开7家门店，企业扩大经营规模需要建设系统。企业病毒式扩张要求有节奏，节奏的背后是扩张，扩张的背后需要系统做支撑。

扩张原理

道家讲"道生一,一生二,二生三,三生万物"。我们就借助这几句话来分析企业的扩张原理。

第一,道生一——夯实产品系统,产品永远是企业第一竞争力。

道生一,是指一家企业不要大规模地扩张,企业的第一要务是把产品做好。如果产品没有优势,即使销售技术再好,最终还是会出问题。

大部分企业是先有良好的产品,才有销售,产品是企业的第一要务。那些可以把产品先做好的企业,才能实现持续地发展。凡是在产品上出现问题的企业,无论最初多么挣钱,经过一段时间后都会出问题,原因就是他们的产品存在问题。

第二,一生二——完善营销流程。

打通营销环节需要从营销流程、营销人才、营销机制三个维度展开。

一般情况下,产品系统做好之后,企业就需要解决营销流程的问题。很多企业的产品其实质量都比较高,然而有些企业老板不懂销售,使得企业产品销售情况不理想。

企业老板要明白,营销是一套独立的流程。营销流程主要由三个维度组成:营销流程、营销人才、营销机制。任何一个维度没有打通,都有可能出现问题。而营销流程和产品流程,没有一两年的时间,是无法打通的。

最近我和一家民营医院的老板就医院的产品流程和营销流程进行了沟通。通过沟通,我发现这家医院几乎没有具体的营销流程,缺乏有效的营销手段,因此很少有患者选择这家医院。

第三,二生三——设计好机制系统,让机制系统与企业发展阶段相匹配。

优秀的企业会在此时规划好下一阶段的机制。一家企业有多大规模，就需要配多大的机制。比如，一个小微企业分一些提成就可以了；一家有10亿元资产的企业，就要有分红、提成、超产奖、固定工资、绩效工资等各种薪酬形式；如果是一家资产突破百亿元的企业，那么薪酬结构、考核体系就要更加健全、完善。

其实，想成为优秀的企业要在其规模较小时，就要已经在思考规模变大后的机制设计了。如果企业有一个清晰的规划，只要能抓住机会，基本上可以实现扩张。

第四，三生万物——培养结构化人才体系。

企业规模越小，对人的要求越单一；随着企业规模的扩大，对人才质量和人才类型的要求越来越多样化，因此，企业需要培养结构化人才。

道生一，一生二，二生三，三生万物。如果这几条都做到了，企业就具备了扩张的基础。企业老板要知道，从三生万物以后，真正的扩张应该让企业中的干部去做，而不是老板去做，这个法则叫干部扩张法则，或者干部扩展法则。

比如，长松公司直接由我扩张的公司是前7家，从第8家到第15家，我只要同意就行了，并没有直接参与其中。从15家以后，所有的扩张都由营销总监、分/子公司的总经理及副总负责，跟我并没有直接关系。

我们公司现在有很多代理商，有些代理商我不知道叫什么，因为这些都是干部扩张的，干部清楚他们的情况就可以了。企业扩张到一定地步，老板就不能再自己去一家店一家店地扩张了。老板的目标是把产品做好，把战略做好。如果老板连每一家小店怎么扩张都要去关注，那么他很可能会筋疲力尽。

扩张机制

一是扩张角色：公司（指总公司）。

A 指一代扩张者，为一代扩张的子公司总经理。B 指二代扩张者，为二代扩张的子公司总经理。

二是股权比例。

如果公司和扩张者共同注册子公司，则公司占股 80%，子公司总经理 A 占股 20%。

三是扩张要项。

游戏规则是，签订 5 年期权协议，其中第 0~2 年分红，第 2~5 年为期权，退出时适当补偿（分红期延长）。有些人是这样理解上述内容的：第 0~2 年是虚拟股，但是员工更希望是期权；5 年后转为注册股，离职以后要给补偿；5 年以后跟 5 年以内最大的区别就是，5 年以后是注册股，也就是员工离职之后不想撤股，公司要保留他的股票。

如果 5 年后原子公司总经理 A 离职，新总经理 A1 到职，其股权比例分配方式有两种：分别为总公司占股 64%，A 占股 16%，A1 占股 20%；或者总公司占股 60%，A 占股 20%，A1 占股 20%，见图 6-8。

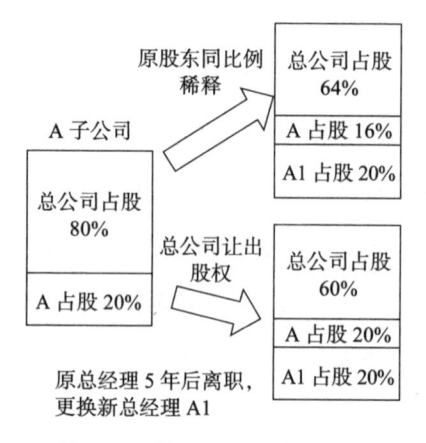

图 6-8　某公司股权分配比例

如果子公司更换两任总经理后，仍无起色，则可以注销原有子公司，成立新的子公司。

四是正常的扩张机制。

为鼓励子公司总经理继续扩张，我们来了解机制设计，如图6-9所示。

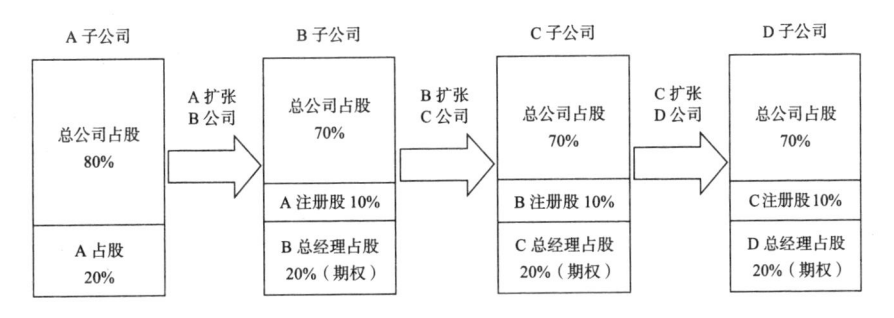

图6-9 正常机制扩张的设计

A开了一家A子公司，占20%的股份，总公司占80%的股权。确定好这一分配比例之后，就要开始扩张了。A新扩张一家B子公司，B总经理占20%的股权，A占10%的股权，总公司占70%的股权，这就形成了两级受益制。换句话说，A培养了B，A就有了发展注册资本金，就可以直接得到一个公司10%的股份。

从图6-9来看，A可以无限扩张。当年长松公司分子公司的扩张激情非常高涨，然而现在已经过了大规模扩张的时机，大家更愿意直接挣到钱。当然，每一个行业不一样，企业要根据自身状况和行业状况决定是否扩张。

正常扩张需要以下三个条件：

第一，由子公司提供下一级子公司的扩张资金；

第二，由子公司提供下一级子公司的干部团队；

第三，下一级子公司在总公司的市场规范版图内。

还有一些内容需要大家注意：

第一，凡是子公司扩张的下一级子公司，子公司总经理直接享有下一级子公司的注册股带来的利润收益；

第二，如果由子公司提供下一级子公司的扩张资金，子公司总经理还可以享受一定周期内的下一级子公司业绩提成收益；

第三，子公司总经理仅享受其直接扩张的下一级子公司收益，下一级子公司扩张得来的收益与原子公司总经理无关。具体内容见图6-10。

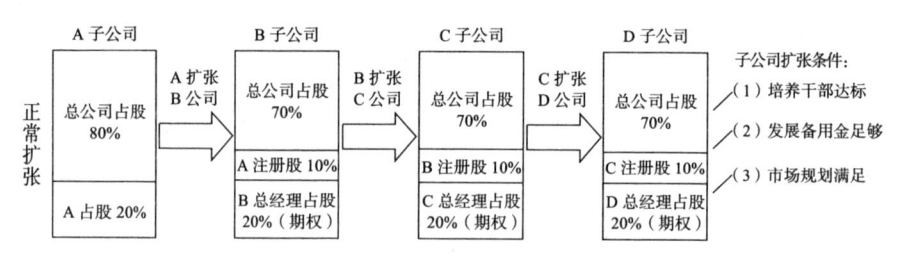

图6-10 子公司与下一级子公司扩张示意图

一旦企业具备有钱、有人、有规划这三个条件，就可以扩张了。然而有一点也不能忽视——每家企业都有每家企业自己的关键因素。比如，我的公司在规划鉴定以后发现，子公司设在省会城市就可以存活；子公司设在县城，存活的概率就比较低。这是因为和我们公司有业务来往的客户相对比较高端，大城市的需求比较高。

五是猛烈扩张机制。

如果希望鼓励子公司总经理加大扩张力度，可以采用猛烈扩张机制，如图6-11。

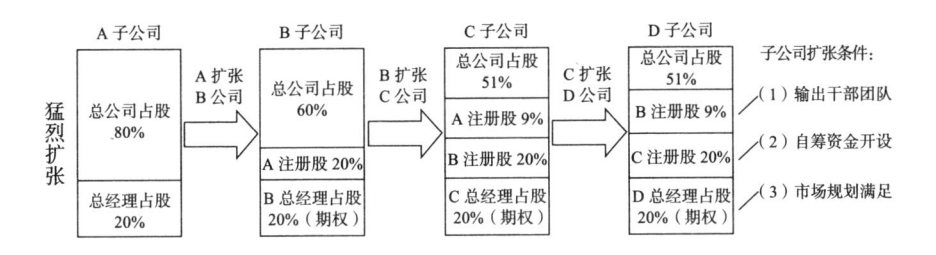

图 6-11　猛烈扩张机制示意图

我们把猛烈扩张与正常扩张进行对比：子公司在正常扩张时，子公司总经理仅享受一级收益，即其直接扩张的下一级子公司；而子公司在猛烈扩张时，子公司总经理可享受二级收益，即其直接扩张的下一级子公司及下一级子公司所扩张的子公司的收益。

需要注意的是，如果扩张子公司，总公司占股最低不能低于51%，即要保证总公司的控股地位；股权激励的具体比例需要根据企业所处行业而定，20%股权激励比例仅为参考数据。

考核指标法

企业股权激励可以按批次进行，也可以按人数进行，只要满足条件，有一人就激励一人，这需要企业提前设立好股权激励标准。这种方法就是考核指标法，简称指标法。

考核指标法有一个优点：股票数量固定，不考虑股价。我们一旦使用这种法，就不能像股权激励刚开始时给 5 股，到后面就变成给 2 股了。

在考核股东时，企业经常采用指标考核法。在运用这一方法时，企业需要分阶段考核股东，从而保证考核的公正、客观和全面。

股东考核的三个阶段

股东的考核一般分为三个阶段。

第一阶段，期权股东阶段：是否获得期权。

第二阶段，注册股东阶段：是否能从期权转为注册股。

第三阶段，注册股增持阶段：转为注册股东后是否能增持股份。

采用指标法的股权结构设计，见图 6-12。

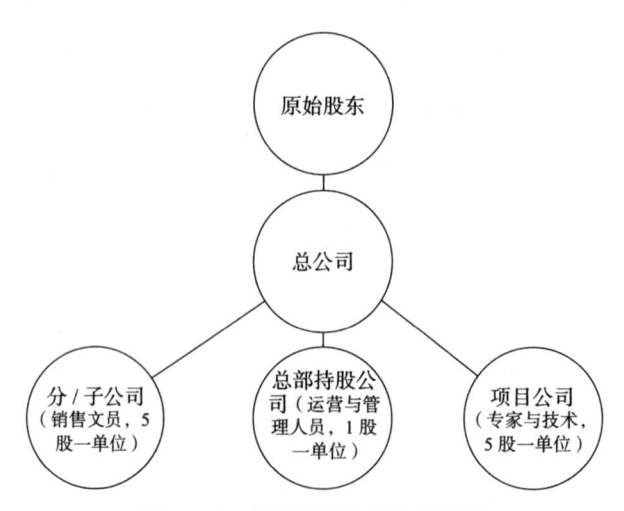

图 6-12 指标法股权结构设计图

股东的考核指标

第一，级别。

级别主要有营销分/子公司副总、技术类工程师、总部副总监及以上级别。

第二，电网。

电网主要指企业为员工不良行为，比如拿回扣、不按标准用人、旷工、违法行为等设置的障碍性约束和规则。电网不仅可以用于股权分配，还可以用于晋升、目标责任书的考核、员工劳动关系解除与辞退等。

有的电网是不可触碰的，一旦触碰，员工就有被辞退的风险。一个企业老板问我："贾老师，我们如何看待员工拿回扣的现象呢？"我说："在我的公司，员工只要拿回扣，他在我们公司的职业生涯就结束了。"

当然，还有一些级别偏低的电网指标。比如有的子公司的总经理任用他没有业绩的亲属，占用了企业的招聘名额，使得优秀人才无法进入企业，导致招聘结果不公平，这就触及了不按标准用人的电网。还有一种更低级的电网，比如旷工、辱骂他人。

在对公司股东进行股权激励的过程当中，我们必须把电网指标谈清楚。高的不能碰，中的、低的，一般不允许每年触碰超过2次。比如，一个一年无故旷工7次的人还想成为公司的股东，就不太现实。

前几年我给一家企业的员工做职业规划，在把技术工种定了7级之后，又增加了一项电网指标。这家企业的老板当时很不理解，他认为，员工的品行没有那么重要，只要他们的技术水平高就可以了。这就是在某种意义上，放纵了这些员工，如果没有电网指标，后面很可能会出现问题。

第三，价值观。

股东要和企业的价值观一致。面对一件事情，立场不同，价值观就不一样。

企业的价值观往往和企业文化有很大关系。有的企业非常强调产品导向，只要我的产品做得好，就不愁销路；而有的企业则非常强调营销价值观，他们就是要把销售做得淋漓尽致。

比如，长松公司的企业文化第一个是实干，它决定了长松公司的业务模型跟大多数同类公司不一样。有一个客户对我说过，和其他公司相比，长松公司做销售太温柔了。这就是由公司的文化决定的。除了实干以外，长松公司的企业文化还包括服务、竞争等内容。

第四，业绩。

这里的业绩指的是累计业绩。如，要求累计业绩达到5000万元。

要成为公司的股东，主要有两种途径。

一种途径是出钱。有些情况下，有些人出钱也不一定能成为公司的股东。一个老板向我表示："贾老师，我要跟你合作。"我说："你想怎么合作？"他说："你做什么项目，我就做什么项目。反正我出钱入股就行。"经过深度考察，我委婉地拒绝了他。主要原因是这个老板的价值观和我们公司的企业文化不一致。

另一种途径是业绩。如果没有足够的资金成为股东，那么要看他的业绩。在看业绩时，我们要在总部持股平台的指标、项目指标和分/子公司的指标这三类指标里面，分别制定出业绩目标。比如，你想担任一家销售公司的总经理，获得公司的股票，累积业绩就必须达到5000万元。

第五，育人。

公司培养人才，不是指把这个人从一个新手培养成行业中的佼佼者，而是要把他从一个相对有基础能力的人变成符合公司要求的人。

我们有一门课程叫"企业操盘手"，这门课程是长松公司的三大课程体系之一。

企业操盘手真正的核心能力有三个。第一，关于产品和销售，企业的产品和销售是一个整体，必须过硬。第二，企业环境，如果环境比较恶劣，就无法留住人才，无法研发出有影响力的产品，企业也就无法长成参天大树。第三，人才体系。其逻辑是，处在基础地位的人是执行层面人才，他们是最容易找到的；这类人才往上是产品型人才、营销型人才、运营型人才，也就是管理型人才；再往上是决策型人才；决策型人才再往上是战略型人才；战略型人才再往上是投资型人才。

人才的引进与培养，是企业老板的要务之一。判断企业缺乏何种人才，关键要看老板直接对接的是何种类型的人才。如果老板直接对接的是执行型人员，则说明企业缺乏高级人才，需要建立人才逐层培养机制，从而形成人才梯队。

关于企业人才培养如何布局，见图6-13。

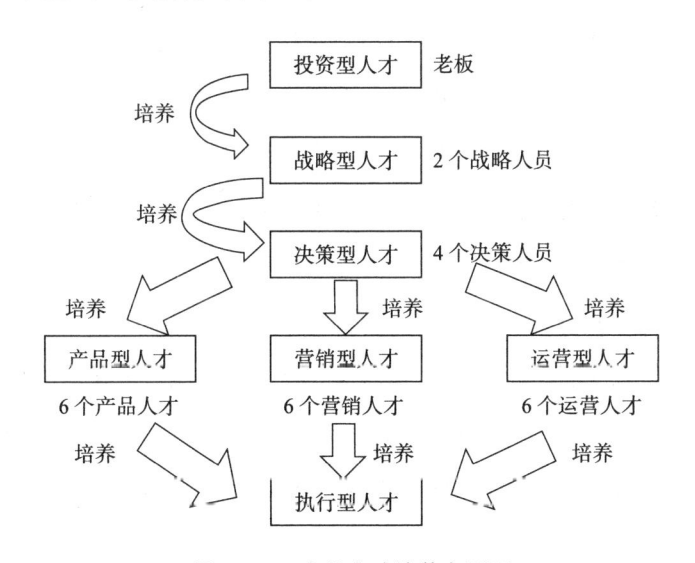

图6-13 企业人才培养布局图

企业培养人才，通常要求"1+2"。1+2是指每层人员都必须至少培养2个下一层的人员。比如一个投资型的老板，他至少要培养2个战略型的人才；2个战略型人才至少要培养4个决策型人才。

人才的能力包含判断、决策、行动、修复。判断准确却无决策的人不如判断即决策的人；判断即决策在行动上和判断准确却无决策的人拉开了差距；与前两类人才相比，还具备更正能力，此时判断意味着决策、行动及修复。

有的人的判断是准确的，但是他没有决策。有的人从来不做判断，即使做了判断，从判断到决策也非常遥远。而有的人是判断即决策，但大多数人是判断以后，不做决策。所以我们在选择股东的过程中，不但要看他的累积性业绩，还要看他的逻辑思维和认知能力。

有的人是看见马上决策，马上行动。是不是意味着判断即决策或行动的人就好呢？答案是：不一定。因为人们在行动之后，还需要有修复环节。有的人做出判断就代表了决策、行动、修复，他的判断、决策、行动和修复是同时进行的，而有的人这几个环节是有先后顺序的。

培养人才，实际上就是要让他们同时具备这些能力。一家企业可以以股权改革为契机，不断培养人才，选拔人才。

第六，企业增长率。

在股权改革过程中，如果企业每年都有较高的增长率，这家企业的发展前景还是很乐观的。同时，增长率和市值有很大的关联。

对个人而言，有三项较为重要的指标。

一是个人以 10 年为一个跨度周期的现金收入额。

有一个老板问我："贾老师，我的孩子刚刚硕士研究生毕业，准备工作，您有什么建议？"我说："一个研究生刚刚毕业的人，他的第一个重要目标，并不是收入。第一个 10 年是为第二个 10 年的事业打基础的，第二个 10 年主要谈现金收入，第三个 10 年主要是谈事业。"

我们的现金收入以 10 年为一个单位，在第三个 10 年，我更加关注我的事业和我创造的价值。人在每个阶段的关注点不同。但前提是，你的第一个阶段、第二个阶段是成功的。假如你在第二阶段还穷得叮当响，即使到了第三个阶段，你的关注点仍然与第一个阶段相同。

二是个人收入增长率。

收入增长率的意义在于，不要在乎你的第一份工作或者这份工作前 10 年的收入有多高。当你具备了成为股东的能力时，你的收入不会低，这时你的薪酬结构涵盖的项目会逐渐变多。长松公司收入比较高的人，一定是职位比较高、能力比较强的人。

比如，某业务员一个月挣了 4 万元，但是他无法保证下个月也能挣到 4 万元。员工要不断增强自身能力，保证自己不断晋升，收入才会不断地增长。

三是个人能力。个人能力又分为三种。

首先是一个人在一个行业当中行走自如。有 90% 的人只具备第一能力。比如，有些培训和咨询行业的员工离职以后去其他行业发展，很多人发展得并不好。

其次是与时俱进，持续做到最好。以前我们可以一招鲜吃遍天，但在当今社会，这一招可能行不通了。比如诺基亚曾把手机做到了极致，但是苹果公司的手机颠覆了整个手机行业。这说明原有的优势并不能保证企业在今后的竞争中可以高枕无忧——企业可能会被竞争对手迎头赶上，甚至弯道超车。

再次是能够实现跨国、跨行、跨业态自如转换，具备这样能力的人可谓凤毛麟角。事实上，人的一生都是在不断追求中成长的，企业也是如此。企业不仅要求保证当下的业绩额和利润额，还需要看重持续增长率。

第七，工龄。

工龄也是期权激励中的一个重要指标。如在本岗任职时间至少2年；期权转换为注册股时，如期权持有至少1年；注册股后增持，如注册股东至少1年。

各企业对于工龄要求不同，一般情况下，工龄要求期限与企业人才流失率成反比。

根据这些总体情况，我把考核的指标统一汇总成期权股东的股权激励指标列表，如表6-1所示。

表6-1 股权激励指标列表

序号	指标	举例
1	级别	分/子公司副总或工程师，或公司总部副总监
2	电网	每年不得超过2次
3	价值观	价值观要一致
4	业绩	累计业绩5000万元
5	育人	每年培养2人
6	企业增长率	每年在10%以上
7	工龄	本岗位任职2年以上

这7个指标构成了股东的考核指标。原则是符合一个，就进入一个，而不是分批次的。企业也可以根据自己的实际情况，更换一两个指标，重新制定标准。比如，企业可根据自身情况，对下面的内容进行调整。

一是业绩。

每个行业的情况不同，要求的业绩总量肯定也不同。比如，一个卖糖果的和一个卖房子的，二者的业绩要求肯定不同。

二是级别。

有的企业总经理下面的，可能都叫经理；有的企业可能有副总、副总裁、总裁，由于级别叫法不一样，也要重新进行梳理。

三是增长率。

行业跟行业的增长率不一样，比如有的公司年增长率要求 100%，有的可能要求 5%。

四是育人。

培养人才的速度不一样，有的企业培养的速度特别快，因为是外面整合直接培养，流程文化学完直接入岗；有的岗位技术要求高，出师年头就比较长。

这些指标是股权改革的基础指标。老板一定要下功夫，把企业的指标制定出来。

股东考核的阶段指标

前面讲到，股东考核有三个阶段：期权股东阶段、注册股东阶段、注册股增持股阶段。期权股 + 注册股 + 增持股指标要求的列表，如表 6-2 所示。

表 6-2 期权股、注册股、注册股增持指标要求列表

指标	期权股条件	转注册股条件	注册股增持条件
业绩	个人业绩累计 500 万元，团队业绩累计 5000 万元	年度公司团队业绩 3000 万元，利润 500 万元	年度团队业绩 3500 万元，利润 600 万元
级别	分/子公司副总或工程师，总部副总监	无要求	无要求
增长率	每年在 10% 以上	年度增长率为 12%	无要求
育人	每年培养 2 人	每年培养 2 人	无要求
电网	每年不超过 2 次	每年不超过 2 次	每年不超过 2 次
管理满意度	85% 及以上	85% 及以上	85% 及以上
工龄	本岗位任职 2 年以上	成为期权股东 1 年	成为注册股东 1 年

这里有一个细节，股份增持考核不一定有这么多指标。如果你已经达到对应的级别，你的育人、工龄指标也就达到要求了。所以，企业在考核股份增持时，可能只会考核三个指标：业绩、增长率、管理满意度。

企业股本的规划

激励后的股权结构，见图6–14。

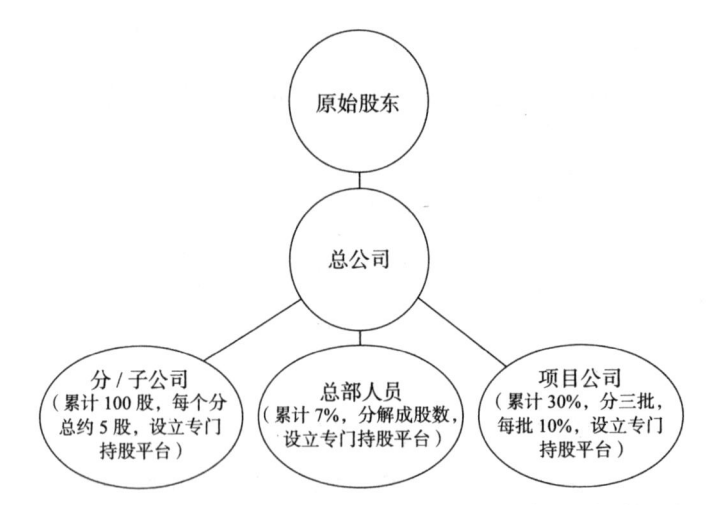

```
                原始股东
                   |
                 总公司
                /  |  \
         分/子公司  总部人员  项目公司
        （累计100股，（累计7%，  （累计30%，分三批，
         每个分   分解成股数， 每批10%，设立专门
        总约5股，设立专门  持股平台）
        设立专门  持股平台）
        持股平台）
```

说明：股权价值无变化，但可以根据企业发展阶段提高股权激励的指标数据要求。

图 6–14　激励后的股权架构图

在母公司层面，有两个公司可以给员工股权：一个是运营公司，即运营持股公司；一个是项目公司。由于我们规定了在这个项目当中分三轮释放出30%的股份：第一轮为10%，第二轮为10%，第三轮为10%。第一批可能就只有2~3个，类似总经理级别较高的人获得股份。项目公司释放出30%的股份，最多分三轮就可以了。运营一般不会单独注册公司，但是会注册一个合伙企业，合伙企业直接入股母公司，运营的股权总比例会小于等于 7%。比如，公司总共有 1000 万股，7% 就是 70 万股，这 70 万股再分批次规划给总部人员。

规划了运营公司和项目公司之后，下面就是公司对分/子公司的持股规划。一般将 100 股给分/子公司的相关人员，大概每人分到 20 股，总经理可能只有 5 股。我们再按轮次加考核的原则，只要他够资格，就给他股票。

系数法

在众多的股权激励方法中，我推荐系数法，这一方法可以非常清晰地告诉我们每一个岗位应该得到多少股票。系数法背后的原理是海氏评估法，海氏评估法主要有三个作用。

一是发工资。

每个岗位的人员，到底应该发多少钱的工资，可以用海氏评估法算出来。

二是测算每个岗位的价值量。

在股权改革的过程中，我们要测算出岗位的价值量。

三是海氏评估法计算比较简单。

有很多股权改革的企业没有做过实际测算，我推荐他们用海氏评估法测算。这种方法通用且简单，大家也容易找到这种方法的相关资料。

系数法解决了企业内部每个岗位应该拿多少股票的问题，在企业内部做到相对公平。

岗位股权系数决定因素

每个岗位应该怎样分配股票，基本上是由以下几个因素决定的。

第一，岗位价值量。

岗位价值量是必选项，它是指通过岗位价值评估得出岗位的价值量。我推荐用海氏评估法评估岗位价值量。除了海氏评估法之外，我们还可以运用因素法。岗位价值量测定出来的分数在100~1500分之间。这种方法广泛应用于企业的薪酬改革、绩效考核、晋升通道、项目分红、股权改革等方面。

第二，岗位性质。

岗位性质将岗位分为职能、技术、营销三类，采用不同的加权系数，其范围在1.0~1.3之间。

第三，资质。

资质主要包含学历、技能等，其范围在1.0~1.3之间。

第四，工作年限。

工作年限指员工在本企业的工作年限，其系数范围在1.0~1.3之间。

第五，绩效考核。

绩效考核是企业的非必选项，通常要求企业在具备成熟的绩效考核环境的前提下实施绩效考核。比如，我们公司要求在公司工作两年以上的员工才能参加绩效考核。

第六，其他特殊要素。

这里的其他特殊要素主要是人才、系统、研发等方面的特殊贡献。

在帮助企业选指标时，我必选的指标是岗位价值量和资质。然后再针对不同企业的特点，有针对性地选择。比如，我们既可以选绩效考核＋特殊因素，也可以选岗位性质＋绩效考核。

在实际应用时，企业可以在上面提到的 6 项要素中选择 4~6 项，将这些要素的系数相乘，得到股权系数。

股权系数的计算公式：

股权系数 = 价值系数 × 岗位类型系数 × 学历系数 × 历史贡献系数 × 绩效系数

如何设置加权系数

第一，固定工资 + 绩效工资，参照正常价值量。

尽管系数法规定一些岗位不能分红，或者不能给股票，我仍然建议大家把公司所有的岗位列出，分别算出系数。系数非常重要，它主要应用于企业给员工发工资和提成。

第二，提成 + 分红，不低于正常价值量，同时需要考虑岗位加权系数。

我们在测算员工工资时发现，业绩型岗位的工资是提成、分红、管理奖相加，得出的总额应该和岗位价值量接近。职位越高，总额就存在超标的可能，这是正常的。总经理的提成工资是提成 + 分红 + 管理奖，营销总监的提成工资是提成 + 分红，业务员的提成工资只有提成。他们各自的提成工资与其应得的价值量之间存在一个比值，该比值不能低于价值量最低的岗位价值量。例如，管理人员的比值低于业务员的比值，就没有人愿意做管理，而都愿意做业务员了。没有人做管理，也就不利于公司的扩张。

第三，管理奖 + 超产奖 + 股权，不低于正常价值量，会考虑多项加权系数。

一般情况下，工资结构包含固定工资、绩效工资、提成、分红、管理奖、超产奖、股权。固定工资与绩效工资按照按正常比例、正常价值量分配；提成和分红不能低于价值量，即职位越高，比例越高。

这就导致了一种结果：工资有可能是按价值量正常比例发放的，而分红比例则有可能高于岗位价值量。在正常情况下，董事长的分红最高，这是因为除了指标结果之外，还有加权。

我提供一些岗位类型的加权系数，供大家参考。

职能部门乘以 1.0，技术部门乘以 1.1，营销部门是乘以 1.2，顶级技术专家乘以 1.3。

学历系数，也叫胜任系数。很多企业会把学历系数划分为三级：硕士研究生及以上学历的系数是 1.2，本科学历的系数是 1.1，专科及专科以下学历的系数是 1.0。有些企业划分的层级会更多，系数也会相应调整，但是系数最高不能超过 1.3。

历史贡献系数主要是指工龄，工龄系数的范围一般是 1~1.3。

我们把几个系数相乘，得到该岗位的系数。有的企业还要加上绩效考核，通常情况下，绩效考核的系数是 0.8~1.2。

一个员工各个方面的表现都很优秀，他得到的股份系数就相对较高。

系数法股权激励的操作步骤

第一，确定股权激励的资格要求。

按表 6-3 的条件经过评估后，找出企业内符合条件的岗位与人员。

表 6-3 股权激励的资格要求

序号	指标	释义
1	价值观	同频思维，认同公司文化与价值观
2	岗位级别	上市前：总部总监以上岗位、营销骨干、核心岗位员工
3	在职时间	本岗位任职 2 年以上
4	年龄	启动股权激励时距法定退休年龄至少还有 5 年，且身体状况能够满足工作需要
5	管理满意度	85% 以上员工认同
6	绩效	平均绩效得分在 80 分以上
7	电网	每年违反次数在 2 次以下

注：（1）上述条件全部满足方可列入考虑对象；
　　（2）特殊贡献人才经董事会批准后可适度放宽工作年限限制。

要算出每一个岗位的总比例，哪些人具备股票激励的资格。当然，也有全员持股的公司。比如，迪卡侬在公司启动时是全员持股，华为公司几乎也是全员持股。

公司是全员持股，还是 50% 的员工持股，或者是 30% 的员工持股，要根据公司的情况和发展模型定位，筛选符合具备股权激励资格的人。

要想实现全员持股，公司就要把获得股权资格的标准放到最低。如果公司让 50% 的员工符合持股的资格，就要从 50% 分位的条件进行限制；如果想要 30% 的员工持股，也可以在相应的地方加以限制。资格标准要符合自己公司的实际情况，而不是直接套用其他公司的模型。

第二，对各岗位进行岗位价值评估，得出岗位价值量。

公司通过对岗位价值量的评估，得出岗位价值量，再根据个人的实际情况，计算出他们的得分。比如，我们公司只有 6 个人 A、B、C、D、E、F，先把这 6 个人的得分相加算出总分。比如，A、B、C、D、E、F 的得分分别是20分、18分、15分、10分、5分、2分，相加得到总分70分。我们就把70作为分母，用每个人的得分除以70，算出他们各自的比例。

第三，根据符合资格的人员情况，计算出各岗位的股权系数。

各岗位的股权系数计算详情如表6-4所示。

表6-4　各岗位股权系数计算

序号	岗位名称	价值量	价值系数（%）	人数	分红人背景	股权系数
1	董事长	1750	4.65	1	上山[①]、本科、满10年	7.98
2	CEO	1493	3.97	1	上山、硕士、满8年	7.09
3	销售总监	900	2.39	1	上山、本科、满5年	3.63
4	采购总监	718	1.91	1	上山、硕士、满3年	3.00
5	产品品类经理	621	1.65	1	技术、硕士、满5年	2.51
6	销售经理	516	1.37	2	上山、本科、满2年	1.92
					上山、本科、满5年	2.08
7	财务经理	442	1.18	1	技术、硕士、满2年	1.64
8	产品主管	419	1.12	2	下山、硕士、满5年	1.69
					下山、本科、满2年	1.43
9	人力资源经理	385	1.02	1	职能、本科、满2年	1.19
10	采购工程师	376	1.00	2	上山、本科、满3年	1.44
					上山、本科、满5年	1.52

比如，公司总股本为1000万股，用7%，即70万股作为股权激励。我们按照"股权系数=价值系数×岗位类型系数×学历系数×历史贡献系数×绩效系数"公式，计算出每个人获得的股份。反过来，我们也可以通过每个人在规划中所占的比例算出公司的股本。

---

① 海氏评估法是一种评估岗位价值的方法，它将岗位分成三种类型，分别是上山型、平路型和下山型。其中，上山型岗位以业绩为导向；平路型岗位包括技术类和职能类，对解决问题的能力和责任要求较为均衡；下山型岗位则看重解决问题的能力。

这里有两个重要的要素：

一是要清楚公司总共多少股本；二是需要稀释多少股本，比如，1000万股稀释7%，等于70万股。

如果我们知道某人的总股本数，又知道他占总股本数的百分比，就能计算出每一个岗位能够分到多少股。比如A岗位分20万股，每股的价格是1.3元，就等于26万元。然后确定这26万元是否存在借款、赠送、贷款等，之后就可以拟订合同了。

第四，计算所有具备资格的人员的股权系数之和。

我们要在这一环节算出相关人员的分数，看谁有分红的资格，然后把具有资格的人的股权系数相加。

第五，计算出每个人所持有的股权数。

算出总股本股权激励的百分比，并且算出每一个人能够分到多少股，以及每一股的价格。之后要看员工的钱够不够，才能决定选择哪一种股权激励方法。

个人所持有的股权数的计算公式为：

个人股权数＝激励总股本数×（个人股权系数÷所有人员股权系数之和）

具体计算见表6-5。

表6-5　各岗位个人股权数计算

序号	岗位名称	价值量	价值系数	人数	分红人员背景	股权系数	个人股权数（万）
1	董事长	1750	4.65	1	上山、本科、满10年	7.98	15.05
2	CEO	1493	3.97	1	上山、硕士、满8年	7.09	13.37

（续表）

序号	岗位名称	价值量	价值系数	人数	分红人员背景	股权系数	个人股权数（万）
3	销售总监	900	2.39	1	上山、本科、满5年	3.63	6.85
4	采购总监	718	1.91	1	上山、硕士、满3年	3.00	5.65
5	产品品类经理	621	1.65	1	技术、硕士、满5年	2.51	4.73
6	销售经理	516	1.37	2	上山、本科、满2年	1.92	3.62
					上山、本科、满5年	2.08	3.92
7	财务经理	442	1.18	1	技术、硕士、满2年	1.64	3.10
8	产品主管	419	1.12	2	下山、硕士、满5年	1.69	3.19
					下山、本科、满2年	1.43	2.70
9	人力资源经理	385	1.02	1	职能、本科、满2年	1.19	2.24
10	采购工程师	376	1.00	2	上山、本科、满3年	1.44	2.71
					上山、本科、满5年	1.52	2.87
总和						37.12	70.00

第六，开展股权激励，签订相关法律文本。

我要强调一点，不要忘记退出机制。在运营的过程中，企业要和相关人员签订各种合同、保密协议，一旦忽略了这些细节，将来可能会产生各种争议和纠纷。

股权激励的配套文本

股权激励配套文本介绍

不管我们采用哪种股权激励方式，都必须有规范的合同。规范的合同既保护个人，也保护企业。因此，在股权激励过程中，企业需要用相关配套文本来保护股本。

分/子公司扩张合同

分/子公司扩张合同指成为分/子公司的直接注册股东所签订的合同（此合同同样适用于项目公司）。长松公司的所有分/子公司都签订了相应的合同。

有限合伙企业合同

有限合伙企业合同指成为有限合伙企业的有限合伙人，作为母公司的间接股东所签订的合同。

如果你既不是分/子公司的直接股东，也不是总部的直接股东，就要签第二份重要的合同——有限合伙企业的合同。一旦签了分/子公司合同，就证明你是直接股东——有可能是母公司的直接股东，也有可能是子公司的直接股东；如果你签的是有限合伙企业合同，就证明你是母公司的间接股东。

行为人一致书

行为人一致书用于统一其他股东与实际控制人的意见。

根据公司股权改革出现的各种情况，我建议大家做行为人一致书，规定在表决过程中明确"谁为最核心"的战略决策。

我的一个朋友开了一家公司，有100多个股东。他发现每次开股东会，股东们从来没有到齐过，导致公司想做决策，很多时候都无法实现。当然，这些股东没有签过行为人一致书。

类似这种有100多个股东的公司，至少要成立4~5家有限合伙企业，再入股母公司，形成一整套股权架构体系。同时签订行为人一致书，避免出现一些问题。

价值观一致承诺书

价值观一致承诺书通常指承诺认同企业的经营范围、价值观、文化等。

价值观一致承诺书的内容要求主要是尊重行业、尊重国家政策、尊重税收政策、尊重产品。

一个客户告诉我，他的公司召开股东大会时，股东分为两部分：一部分要做服务业，另一部分要办工厂，双方各执己见，僵持不下。这种股东大会不但没有提高效率，反而影响了公司的股权改革。

如果股东签订了价值观一致承诺书，就会受约束。

刻章及授权

当股东人数众多时，股东可刻制个人章，并出具授权委托书，委托实际控制人或大股东代为表决或决策。

不管是分/子公司，还是有限合伙企业，一旦出现股东的增减，该股东就要出具授权书并签字，此时就需要公司用章。表明在股东增减的时候，大家同意公司的增减办法，要把章、签字和这名股东增减提前签好的协议在公司相关部门备案。

如果不按照上述方式执行，就会出现一个问题：有限合伙企业有8~10个股东，如果一个股东离职退股，其他股东都要签字，这会非常麻烦。

股权章程

股权章程通常采用标准文本。

股权章程在成立股份公司之初就是固定的。一般情况下，股权章程不会做大规模地修改。

股价核算文件确认

一般情况下，股价核算要提供两份文件。

第一，第三方对市值的评估书。如果不采用第三方评估，也可以自己评估，前提是股东都要认同，否则会遇到很多问题。

第二，股份计算文件，即激励的方法及考核标准。

股权分配及激励办法

股权分配及激励办法是指，指导本企业员工进行股权激励的办法。股权分配及激励办法要形成制度性文件，老板、股东等相关人员要签字。

期权激励合同

期权激励合同旨在说明投资的方式和形式，约定认购期、预备期的分红说明，约定行权期的考核条件，以及失去行权资格的处理办法。

确定关键文本的关键条款

分/子公司扩张合同

第一，合同中需约定的纠纷条款说明。

除了国家法律以外所有的约定，都应该在分/子公司的股权协议中予以体现。股东决策、经济纠纷、利益分配、增加股东、股东退出、商业保密、管理决策、权力分配、财务管理、公司解散等重大决策，均以该协议为准。

过去几年，长松公司分/子公司遇到的纠纷有以下几类。

第一类：分/子公司总经理不愿意再合作。

此时，公司要以分/子公司扩张合同为蓝本，按照双方股权的比例承担相应的责任。

第二类：分/子公司总经理在期权考察阶段数据不达标。

在期权股考察阶段，分/子公司总经理数据不达标。总公司以他为蓝本，继续委派新总经理经营公司，相关债务与责任由总公司和新总经理共同承担。

第三类：分/子公司总经理严重违纪。

如果分/子公司总经理严重违纪，要予以解聘，并且公司依照合同获得其股权。

第四类：注销公司。

由于经营不善，总经理和公司共同协商，公司债务清盘，给予员工适当的补偿，再清退、注销。公司和分/子公司负责人共同注销公司。

第二，注册形式说明。

我们要明确甲乙双方的出资。在股权激励中，一般情况下总经理是不出钱的。因此，公司在注册时往往会遇到两种情况。

第一种情况：在分/子公司成立之初，公司章程中要显示被激励的分/子公司总经理名字，并直接给注册股，且由该分/子公司总经理担任法人代表。企业需要在股权激励合同中明确这一约定。这种情况的优点是员工安全感比较强，愿意创造利润，缺点是容易引起纠纷。

第二种情况：分/子公司成立之初，未体现被激励的分/子公司总经理名字，而是在5年考核周期结束后体现。这种情况的优点是对员工驱动性更强，缺点是安全感弱。

第三，关键条款。

一是离职时间和股票期权的处理。

公司总经理拥有股票期权，如果其在工作两年内离开公司，将不再拥有股票期权；如果其在工作两年以上主动离开公司，公司可以把其注册股份按原始注册资本进行回购。

二是二次股权激励。

比如，我和一个总经理合作开了一家公司，他没有出钱，我出钱并给了他20%的股份。随着时间的推移，我们希望公司继续吸纳优秀人才，然而总经理却不愿意稀释他的股份。

为了有效解决类似问题，我们一定要在股权激励中明确这些细节。针对再次进行股权激励的情况，约定双方都要同意，防止出现临时变卦的情况。

三是分红与股权。

股权激励不能只停留在领导层，还要向下激励。激励多少、分红多少，一定要规定清楚。

奖励优秀管理人员股份分红权，主要对象是分公司高级优秀管理人才、核心专家、总公司的优秀管理人才。

通常公司会给1~2个人股权激励，给2~10个人股份分红。奖励股份分红，主要是对利润进行分配，分红权的奖励不超过公司或分公司总利润额的20%。一旦获得股份分红后，便不再有原股东的相关权利与义务。

有的股东有了股权以后，不愿意分给别人钱。但不分给别人钱，只靠自己做经营，肯定不行。所以一定要在合同里面规定好分红与股权之间的关系。

四是义务。

必须和公司合作两年以上；

股东合作务必是志同道合的；

在公司经营破产时或全部股东通过表决时，必须得到100%的股权比例表决，才能退出合作；

股东合作决心和行动是合作成功的前提，乙方需要投入足够精力、时间作为必要的公司前期运作支持；

公司经核准登记注册后，甲方不得抽回资本，不得无故退出合作；

合作双方本着互信原则，遵守公司章程，保守公司秘密；

不得从事与本合作相近或相似性公司的合作（例如到同行业竞争对手公司进行原始股东合作）。

五是股东入资书。

公司成立后，公司需要向股东备发股东入资书。入资书包括股东实际资金、比例，股东的权利、义务，股东个人基本情况等内容。

六是董事约定。

执行董事由股东会选举产生，并对股东会负责。

七是公司项目。

分/子公司的营销比较简单，合同要明文约定以下内容：

公司项目、基本愿景、企业文化、奋斗目标、目前公司主要产品。

八是与总公司的关系。

这里需要写明分/子公司与总公司之间是直接隶属管理的关系，确定财务管理权归总部的董事会。明确之后，我们就可以按照有限责任公司的章程对其他的事项做出约定。由于公司经营的特殊性，总公司采用子公司制，所有子公司由总公司控股。

有限合伙企业合同

企业对总公司或母公司进行股权激励，通常以有限合伙企业作为持股平台，被激励人员作为间接股东。这需要签订一份股东权益合同，由律师鉴定，或者到工商局备案。

有限合伙企业与有限责任公司略有不同。

经营过程不同，有限合伙企业分为投资型经营和自主型经营。投资型经营的企业所得税的办法和有限责任公司完全不同，因此合同是非常重要的。

目前，凡是我提供过咨询服务的企业，我都会让他们签订这一合同。

合同的关键条款包括 5 个方面。

第一，约定普通合伙人和有限合伙人。

普通合伙人就是管理者，有限合伙人就是投资人。一般来讲，普通合伙人只有一个，是指派的，他的责任也是无限的，并且不能随意退出。

不管是普通合伙人，还是有限合伙人，他们都要按照约定的比例出资。有限责任公司是先有股东，再有法定代表人；有限合伙企业是先有管理召集人，再有投资人，即法定代表人和董事长可以被股东任免，管理者则不会被股东任免。

对合伙人的出资额、出资方式、缴付期限要做出明确规定：全体合伙人出资总额为××万元。

各合伙人出资方式、出资额、出资比例的模板如表6-6所示，具体内容各公司要根据自己的实际情况填写。

表6-6 合伙人的出资方式、出资额、出资比例表模板

序号	姓名	身份	出资方式	出资额（万元）	占总出资额比例	备注

第二，有限合伙企业分红与亏损承担。

有限合伙企业的亏损按出资比例承担，利润分红按出资额比例享有。普通合伙人或其授权代表为执行事务合伙人，授权为企业的管理合伙人，也叫董事合伙人，对外代表企业。不执行合伙事务的合伙人有权监督执行事务合伙人执行合伙事务的情况，执行事务合伙人执行合伙事务所产生的收益归合伙企业，所产生的费用和亏损由合伙企业承担。

利润分配原则上按照出资额比例共享，但出现如下情况之一时，相

关合伙人不享有按出资比例分配利润的权利：

第一种情况：合伙人与合伙企业（有限合伙）（含子公司及执行事务合伙人控制的其他公司）解除劳动关系。

第二种情况：合伙人在合伙企业（有限合伙）（含子公司及执行事务合伙人控制的其他公司）工作期间，年度考核不合格。

第三，有限合伙企业的退出办法。

《中华人民共和国合伙企业法》对合伙企业的退出有明确规定：

第四十八条　合伙人有下列情形之一的，当然退伙：

（一）作为合伙人的自然人死亡或者被依法宣告死亡；

（二）个人丧失偿债能力；

（三）作为合伙人的法人或者其他组织依法被吊销营业执照、责令关闭、撤销，或者被宣告破产；

（四）法律规定或者合伙协议约定合伙人必须具有相关资格而丧失该资格；

（五）合伙人在合伙企业中的全部财产份额被人民法院强制执行。

合伙人被依法认定为无民事行为能力人或者限制民事行为能力人的，经其他合伙人一致同意，可以依法转为有限合伙人，普通合伙企业依法转为有限合伙企业。其他合伙人未能一致同意的，该无民事行为能力或者限制民事行为能力的合伙人退伙。

退伙事由实际发生之日为退伙生效日。

第四十九条　合伙人有下列情形之一的，经其他合伙人一致同意，可以决议将其除名：

（一）未履行出资义务；

（二）因故意或者重大过失给合伙企业造成损失；

（三）执行合伙事务时有不正当行为；

（四）发生合伙协议约定的事由。

对合伙人的除名决议应当书面通知被除名人。被除名人接到除名通知之日，除名生效，被除名人退伙。

被除名人对除名决议有异议的，可以自接到除名通知之日起三十日内，向人民法院起诉。

第五十条　合伙人死亡或者被依法宣告死亡的，对该合伙人在合伙企业中的财产份额享有合法继承权的继承人，按照合伙协议的约定或者经全体合伙人一致同意，从继承开始之日起，取得该合伙企业的合伙人资格。

有下列情形之一的，合伙企业应当向合伙人的继承人退还被继承合伙人的财产份额：

（一）继承人不愿意成为合伙人；

（二）法律规定或者合伙协议约定合伙人必须具有相关资格，而该继承人未取得该资格；

（三）合伙协议约定不能成为合伙人的其他情形。

合伙人的继承人为无民事行为能力人或者限制民事行为能力人的，经全体合伙人一致同意，可以依法成为有限合伙人，普通合伙企业依法转为有限合伙企业。全体合伙人未能一致同意的，合伙企业应当将被继承合伙人的财产份额退还该继承人。

第五十一条　合伙人退伙，其他合伙人应当与该退伙人按照退伙时的合伙企业财产状况进行结算，退还退伙人的财产份额。退伙人对给合伙企业造成的损失负有赔偿责任的，相应扣减其应当赔偿的数额。

退伙时有未了结的合伙企业事务的,待该事务了结后进行结算。

第五十二条 退伙人在合伙企业中财产份额的退还办法,由合伙协议约定或者由全体合伙人决定,可以退还货币,也可以退还实物。

第五十三条 退伙人对基于其退伙前的原因发生的合伙企业债务,承担无限连带责任。

第五十四条 合伙人退伙时,合伙企业财产少于合伙企业债务的,退伙人应当依照本法第三十三条第一款的规定分担亏损。

第四,有限合伙企业的获利办法。

利润分配方式、利润分配原则上要按照出资额比例共享。企业经营一段时间后怎么分配利润,必须规定清楚。

第五,用于股权激励的有限合伙企业的原则。

原则一:行为一致性。

行为一致性指普通合伙人与有限合伙人的行为一致性。由于我们签订的合伙人一般不是公募的,即不会到社会上随便找几个人合作,因此我们要在协议中写清谁是主要决策人。

原则二:专投性。

专投性指约定了普通合伙人不能拿着公司的钱随便到处投资,要告知普通合伙人公司的主营业务。一般情况下,作为股权激励持股平台的有限合伙企业,其投资仅针对母公司。

原则三:约定退出。

作为项目投资的有限合伙企业,必须约定退出条件。有很多企业并不是永久存在的,比如,公司约定10年,到第10年完成任务,就会退出。因此,有限合伙企业要约定退出办法,并且包含解散办法。

在理解上述三个原则后，公司在合同上会避免一些问题的出现。同时，通过签署协议，公司也可以了解税收的优惠政策。

员工期权股权激励计划协议书

公司一定要保存好员工期权股权激励计划协议书，它非常重要。

首先要规定设立一家有限合伙企业，在设立的过程当中要包含哪些人，每个人都要有一份合同。合同的第一条就对大家即将投资的母公司情况及新注册的公司进行介绍。然后约定何时开始认购股票，并规定其权利。在认购预备期，股票一般属于原公司，只有度过预备期以后，股东才可以享有分红；大部分公司是预备期到入股的当年不分红。

预备期的下一个阶段是行权期。行权期指你成为公司的股东，可以行使权利，但是你仍然不具备正式股东的资格，只具备有限合伙企业的股东资格，并不具备母公司的分红资格。在两年行权期里会有一项考核，考核通过以后，你就成为母公司的正式股东。

在成为正式的股东后，你就可以同公司签订母公司的股东协议，发放股东权益协议书，行使规定属于你的权利。这也是合同的核心内容。

附：员工期权股权激励计划协议书模板

第一条　甲方为××（以下简称"公司"）的原始股东，公司设立时注册资本为人民币_____元，甲方的出资额为人民币_____元，本协议签订时甲方占公司注册资本的_____%，是公司的实际控制人。甲方出于对公司长期发展的考虑，为激励人才、留住人才，甲方授权乙方在符合本协议约定条件的情况下，有权以优惠价格认购甲方持有的公司_____％股权。

第二条　乙方对甲方上述股权的认购预备期共为两年。乙方与公司建立劳动协议关系连续满三年并且符合本协议约定的考核标准，即开始进入认购预备期。

第三条　预备期内甲乙双方的权利。在股权预备期内，本协议所指的公司_____％股权仍属甲方所有，乙方不具有股东资格，也不享有相应的股东权利。但甲方同意自乙方进入股权预备期以后，让渡部分股东分红权给乙方。乙方获得的分红比例为预备期满第一年享有公司_____％股东分红权，预备期第二年享有公司_____％股东分红权，具体分红时间依照《××章程》及公司股东会决议、董事会决议执行。

第四条　股权认购行权期。乙方持有的股权认购权，自两年预备期满后即进入行权期。行权期限为两年。在行权期内乙方未认购甲方持有的公司股权的，乙方仍然享有预备期的股权分红权，但不具有股东资格，也不享有股东其他权利。超过本协议约定的行权期乙方仍不认购股权的，乙方丧失认购权，同时不再享受预备期的分红权待遇。

股权持有人的行权期为两年，受益人每一年以个人被授予股权数量的二分之一进行行权。

第五条　预备期及行权期的考核标准。

1. 乙方被公司聘任为董事、监事和高级管理人员的，应当保证公司经营管理状况良好，每年年度净资产收益率不低于_____％或者实现净利润不少于人民币_____万元或者业务指标为_____。

2. 甲方对乙方的考核每年进行一次，乙方如在预备期和行权期内每年均符合考核标准，即具备行权资格。具体考核办法、程序可由甲方授权公司董事会执行。

第六条　乙方丧失行权资格的情形在本协议约定的行权期到来之前或者乙方尚未实际行使股权认购权（包括预备期及行权期），乙方出现下列情形之一，即丧失股权行权资格：

1. 因辞职、辞退、解雇、退休、离职等原因与公司解除劳动协议关系的；

2. 丧失劳动能力或民事行为能力或者死亡的；

3. 刑事犯罪被追究刑事责任的；

4. 执行职务时，存在违反《公司法》或者《××章程》等损害公司利益的行为；

5. 执行职务时的错误行为，致使公司利益受到重大损失的；

6. 没有达到规定的业务指标、盈利业绩，或者经公司认定对公司亏损、经营业绩下降负有直接责任的；

7. 不符合本协议第六条约定的考核标准，或者存在其他重大违反公司规章制度的行为。

第七条　乙方同意在行权期内认购股权的，甲乙双方应当签订正式的股权转让协议，乙方按本协议约定向甲方支付股权认购款后，乙方成为公司的正式股东，依法享有相应的股东权利。甲乙双方应当向工商部门办理变更登记手续，公司向乙方签发股东权利证书。

行为人一致书

行为人一致书是法律文件，约定的是与核心行为人的一致性。它包括经营的方针、投资的计划、董事会决议、董事会的报告、监事的报告、预算方案、利润分配方案、亏损弥补方案、增加和减少注册资本方案、发行债券的方案，以及公司合并、分立、解散、清算、变更等决议及修改章程。

如果未签订商业保密书，可以在行为人一致书里面规定商业保密书条款。当然，行为人一致书也可以添加其他规定的内容。对于所有进行股权改革的企业来说，签订行为人一致书是一个必不可少的环节，目的是保护员工的利益。

协议各方的权利义务需要作明确规定。

协议各方应当在决定公司日常经营管理事项时，共同行使公司股东权利，特别是行使召集权、提案权、表决权时采取一致行动。包括但不限于：

决定公司的经营方针和投资计划；

选举和更换非职工代表担任的董事、监事，决定有关董事、监事的报酬事项；

审议批准董事会的报告；

审议批准董事会或者监事的报告；

审议批准公司的年度财务预算方案、决算方案；

审议批准公司的利润分配方案和弥补亏损方案；

对公司增加或者减少注册资本做出决议；

对发行公司债券做出决议；

对公司合并、分立、解散、清算或者变更公司形式做出决议；

修改公司章程；

公司章程规定的其他职权。

价值观一致承诺书

价值观一致承诺书指简单列出几项大纲发表承诺。具体的价值观一致承诺书，大家可以参考以下内容：

我认同公司价值观，具体的行为有：

董事会通过的战略发展纲要；

薪酬委员会通过的薪酬机制和考核机制；

战略委员会通过的产品战略；

股东大会表决的企业文化、企业使命、企业价值观；

相应的公司发展必需的银行贷款、并购重组；

关键人才的用人决议。

我承诺：如公司出现以上事项时，我服从董事会决议。

员工股权激励计划协议书、行为人一致书和价值观一致承诺书签完，成为直接股东或间接股东的流程才算结束。此外，股份章程、股东转让章程、公司章程等文件也比较重要。但是股份章程并非所有员工都要签订，如果你以有限合伙人的身份加入了有限合伙公司，就无须签订。

上述文件非常重要，不能直接套用，企业一定要根据实际情况调整、修订。